林花谢了春红
李煜词传

若别离 著

远方出版社

图书在版编目（CIP）数据

林花谢了春红：李煜词传/ 若别离著. –– 呼和浩
特：远方出版社，2021.9
ISBN 978-7-5555-1366-7

Ⅰ.①林… Ⅱ.①若… Ⅲ.①李煜（937－978）－传
记 Ⅳ.①K827＝432

中国版本图书馆 CIP 数据核字（2021）第 143247 号

林花谢了春红：李煜词传

LIN HUA XIE LE CHUN HONG LIYU CIZHUAN

作　　者　若别离
责任编辑　董美鲜　萨日娜
责任校对　心　妍
封面设计　VIOLET
版式设计　赵艳霞
出版发行　远方出版社
社　　址　呼和浩特市乌兰察布东路 666 号　邮编：010010
电　　话　（0471）2236473 总编室　2236460 发行部
经　　销　新华书店
印　　刷　天津中印联印务有限公司
开　　本　145mm×210mm　1/32
字　　数　188 千
印　　张　7.5
版　　次　2021 年 9 月第 1 版
印　　次　2021 年 9 月第 1 次印刷
印　　数　1—5 000 册
标准书号　ISBN 978－7－5555－1366－7
定　　价　42.00 元

如发现印装质量问题，请与出版社联系调换

序 言

林花谢了春红，太匆匆

李煜是南唐中主李璟的第六子。他英俊潇洒，风流倜傥，有圣人之相，深受太子的猜忌。而他无心争权夺利，于是自号钟隐，醉心诗词书画。

李煜涉猎广泛、富有情趣，同时也讲究奢侈排场。他的文章浑然天成，绘画灵动秀美，书法磅礴大气。受父亲李璟及南唐浓郁的文学风气所影响，李煜对填词尤为沉迷，创作出许多歌咏奢华、风流生活的佳篇妙句。

红日已高三丈透，金炉次第添香兽。红锦地衣随步皱。佳人舞点金钗溜，酒恶时拈花蕊嗅。别殿遥闻箫鼓奏。

——《浣溪沙》

晓妆初了明肌雪，春殿嫔娥鱼贯列。凤箫吹断水云间，重按霓裳歌遍彻。

临风谁更飘香屑，醉拍栏干情未切。归时休放烛花红，待蹋
马蹄清夜月。

——《木兰花》

然而造化弄人，由于父兄先后离世，面对偌大的国家，他必
须履行国君的职责。公元 961 年，李煜继位。为换得南唐偏安，
生性仁厚的他一继位便向大宋朝贡，以示亲善之意；并去除唐号，
改称"江南国主"。后来，他又派弟弟李从善朝觐宋太祖，结果李
从善被大宋扣留。李煜写亲笔信要求放还弟弟，却遭到拒绝。为
避免大宋寻找进攻南唐的借口，李煜主动降低朝廷各级机构的级
别，进一步表示臣服。

李煜本来对政治不感兴趣，当国主后仍不改文人的秉性。他
设盛宴，赏乐舞，亲美色，作高谈，逛寺庙，做佛事，日日纵情
声色，尽享旖旎柔情。

他之所以如此消极，除了文人的秉性之外，大宋咄咄逼人的
统一之势是主要原因。身为一国之主，面对朝不保夕的局势，他
十分痛苦，不愿想，不忍看，索性变本加厉，夜夜笙歌，以醉来
提醒自己漠视人间事。然而，醉毕竟消不了忧，解不了愁，他唯
有借诗词来诉说心中的苦闷。

无言独上西楼，月如钩。寂寞梧桐深院锁清秋。

剪不断，理还乱，是离愁，别是一番滋味在心头。

——《相见欢》

林花谢了春红，太匆匆。无奈朝来寒雨晚来风。胭脂泪，留人醉，几时重。自是人生长恨水长东。

——《相见欢》

李煜醉生梦死，委曲求全，以诗词载着忧愁来消磨岁月。公元974年，一个他日夜惧怕的日子终于到来，宋太祖以一句"卧榻之侧，岂容他人鼾睡"，派使者"请"他到开封去，他以身体有恙婉拒。缺乏耐心的宋太祖出动大军包围了金陵。公元975年底，金陵被攻破；次年，李煜被押往开封。

宋太祖对李煜还算宽大，讽刺性地封他为违命侯。与其说是侯，不如说是亡国奴。李煜被软禁在梧桐别院，小周后亦被宋太宗霸占凌辱，从此人生一幕折起一幕开。李煜整日愁容满面，将家国沦亡的灾难，将人生的恨愁，一并融进他的词里。

四十年来家国，三千里地山河。凤阁龙楼连霄汉，玉树琼枝作烟萝，几曾识干戈？

一旦归为臣虏，沈腰潘鬓消磨。最是仓皇辞庙日，教坊犹奏别离歌，垂泪对宫娥。

——《破阵子》

春花秋月何时了？往事知多少。小楼昨夜又东风，故国不堪回首月明中。

雕栏玉砌应犹在，只是朱颜改。问君能有几多愁？恰似一江春水向东流。

——《虞美人》

褪去浮华，困于方寸，境界全变，词风大开。中国古典文学研究专家叶嘉莹评价道："李后主的词是他对生活的敏锐而真切的体验，无论是享乐的欢愉，还是悲哀的痛苦，他都全身心地投入其间。"

国破家亡，物是人非，昨日欢乐虚空，今日凉薄沉重。无奈世事变化多端，宋太宗见李煜不仅不感谢大宋保全其性命，而且整日沉迷创作怨词来悲天悯人，极为震怒，于是在一个七夕之夜，命人给他送去毒药。

事实上，南唐国势已败，李煜即使有能力也无力回天，更何况国策早有失误。在李煜继位前一年，其父李璟已经因国势衰危而称臣于宋，减制纳贡。宋朝灭南唐的大势已定，李煜继位后只能采取消极守业的政策。

不过，即便成为阶下囚，李煜仍然保持着南唐的气节和风骨，守住了做人的底线。他的情操，他的童真，他杰出的诗词成就，为他赢得了"千古词帝"的美誉。

本书以李煜的生平为主线，以其词作贯穿始终，用柔婉的笔调全景式地讲述了李煜其人、其词、其性、其情。透过其词作，读者可以真实地感知李煜的仁爱、细腻、宽厚以及降宋后的无尽悔恨；透过其经历，读者可以解读李煜的人生，品味他的作品生命的升发，体会诗词的魅力。

目　录

第一章

八方风雨，天下纷争

李昪，李煜的祖父，南唐开国皇帝。他曾以徐温养子徐知诰的身份韬光养晦、丰满羽翼。他谨慎克制、扎实周到地拓展自己的实力，最终打败徐温，废掉杨溥，自立为帝。同年，李煜降生，他跌宕起伏的一生就此开启。

乱世中崛起

唐文德二年（公元889年），在徐州彭城（今江苏省徐州市）的一户李姓人家中，有个男婴呱呱坠地。这个哭声响亮、手脚乱蹬的婴儿正是五代十国时期南唐的开国皇帝——李昪。

李昪的父亲名唤李荣，其家族从祖父李志这一代由京城长安迁移至徐州落的户。到李荣当家时，家道早已衰落。李荣为人憨懒，既不下田种地，也不做工挣钱，更别说读书求取功名。虽已娶妻成家，但他平日里总喜欢跟一帮和尚道士厮混，今天去庙里念佛，明天去道观画符，有时甚至住在寺庙或者道观中，过着得过且过的生活。当他厌倦了清心寡欲的修行生活时才会归家，妻子刘氏对他奈何不得，时常暗自垂泪。

也正因如此，夫妻俩年过四旬才得以生育。中年得子，对于一般人来说是件值得高兴的喜事，但生性懒散的李荣对此却不以为意，甚至还有些闷闷不乐。儿子的出生让他初次感到为人父的压力和责任，也意味着他短时间内不能再去寺庙和道观了。

正当李荣胡思乱想时，妻子刘氏却满心欢喜地唤他："孩子爹，你给儿子取个名字吧！"刘氏叫唤了好几次，李荣才回过神来。看着妻子高兴的模样，他只得怏怏地回道："孩子还小，等大点再说吧。"后来，在刘氏的不断催促下，李荣想到，儿子是在彭城出生的，就给他起名叫彭奴吧。李彭奴，这便是南唐开国皇帝李昪的小名。

小彭奴一天天地长大，尽管李荣还是没有正当的营生，但和从前相比，去寺庙和道观的次数减少了许多，更多的时候是在家中念经拜佛。幸亏刘氏是个勤劳淳朴的妇人，靠着帮人浆洗、缝补挣些银钱勉强度日。生产以后，刘氏体虚缺乳，只好用米汤和米糊来喂养儿子，没有新布给儿子做衣服，她就拆改自己的旧衣，用碎布拼成单衣和棉袄。尽管生活贫苦，刘氏仍竭尽全力抚养小彭奴。小彭奴也非常懂事，从小就乖巧听话。

好景不长，在小彭奴五岁那年，战乱蔓延至徐州，街上不时发生抢掠斗殴之事。在一次出门之后，李荣便失踪未归。起初，刘氏对丈夫的失踪还抱有希望，以为他只是一时兴起又住进了寺庙。过了些时日，兵乱的消息越传越紧，城里人心惶惶。此时，李荣家中已经揭不开锅了，母子俩苦不堪言。懵懂的小彭奴经常抱着刘氏的腿问爹爹去哪了，刘氏不忍，心中凄苦无处诉说。李荣兄李球不忍看着弟媳和侄子挨饿受冻，时常送来银钱和口粮接济他们。

此时，唐朝气数已尽，朝廷无力再镇压各地的农民起义，大规模叛乱爆发，彭城的百姓纷纷逃难。在李球的帮助下，刘氏和小彭奴背井离乡，逃往他处。

一些靠参加起义和叛军起家的武夫、屠户，趁着兵乱割据一方，成了地方军阀。军阀之间互相攻打、烧杀抢掠，烽烟不断。其中，实力强大的有两大军阀头目：一个是朱温，朱温是五代首个建立政权的皇帝，国号大梁，史称后梁。他早年曾参加过黄巢起义，后来被唐朝招安，反过来镇压黄巢军，势力逐渐扩大，被朝廷封为梁王，盘踞在河南开封，是唐朝末年最大的割据势力。另一个是有"独眼龙"之称的李克用，他是唐朝旧臣，曾与朱温是同袍，也参与过镇压黄巢军。本是沙陀族人，姓朱邪，因剿灭黄巢军有功，被唐朝皇帝赐李姓，改名李克用，被封为晋王。而后，朱温举起反叛大旗，李克用以复兴唐朝为名与朱温争雄，后病死。其子李存勖击败朱温建立后唐时，追尊其为后唐太祖。除此之外，还有李茂贞、杨行密、秦宗权、时溥等大大小小的军阀。当时占据徐州的军阀头目是时溥。他因割下黄巢的首级而位列头等功，被封为钜鹿郡王，但他的军事力量与雄霸一方的朱温、李克用相比仍有很大差距。朱温野心勃勃，企图称霸天下。他先是吞并了军阀秦宗权割据的蔡州（今河南省汝南县），继而将与蔡州相邻的徐州作为进攻目标。时溥的力量虽不及朱温，但他枕戈寝甲，并没有把徐州拱手相让。面对朱温军团，他殊死抵抗。

徐州之役持续了半年之久，时溥一直奋战到兵败自焚，朱温成功占领了徐州。兵连祸结，遭殃的始终是手无寸铁的老百姓。小彭奴和刘氏跟着伯父李球历尽千辛万苦，逃到濠州（今安徽省凤阳县）。

所谓福无双至，祸不单行。母子俩好不容易逃到濠州，刘氏却突染瘟疫，不久便撒手人寰。此时，小彭奴刚满六岁，本该备受呵护的童年，却遭父母双亡。母亲因染瘟疫而亡，尸身只能就地掩埋。看着母亲被一抔抔黄土掩盖，小彭奴恸哭不已，跪在坟前久久不肯离去。李球怕他坐久了也染上瘟疫，便狠心将他抱走。

一连串的变故让小彭奴变得神思恍惚、沉默寡言，李球虽有心收留，但战乱连连，他已自顾不暇。李球思来想去，决定把小彭奴托养在寺庙，寺庙的生活虽然清苦，但还算有个落脚之处。不是他狠心，实在是无能为力了，他暗暗想到。可怜小彭奴尚不知自己已经成为孤儿，还沉浸在失去双亲的痛苦之中。

俗话说，自古英雄多磨难。经历了战乱纷争、生离死别的小彭奴看到伯父将他带到寺庙后，隐约明白了什么。他黯然地看着李球和住持在不远处谈话，胸口像塞了一团棉花，闷极了。他没有哭喊，也没有质问，沉默地接受了这种安排。

开元寺的住持听说小彭奴的遭遇后，没有多言，只是默默点头。生逢乱世，此类事情他见得太多了。收留小彭奴之后，住持并没有以严格的僧侣苦修要求他，只是让他准时参加佛堂的早读课和晚读课，其余时间任由他自行安排。小彭奴在开元寺住下后，并不是天天留在寺内，而是经常独自一人四处闲逛，像一个流浪儿。

唐乾宁二年（公元895年），小彭奴年满六岁，迎来了命运的转折点。一天，小彭奴正在寺庙门口玩耍，一群兵马浩浩荡荡从远处而来，为首的正是刚刚夺取濠州的淮南节度副使、弘农郡王——杨行密。

杨行密，原名行愍，庐州合肥（今安徽省合肥市）人，五代十国时期吴国的奠基人，史称南吴太祖。早年参加过黄巢起义，被俘后归顺唐朝。黄巢起义被镇压后，杨行密靠着结识的徐温、陶雅、刘威等人趁乱起家，夺得了以庐州为中心的一小块地盘。随着势力的逐渐扩大，杨行密占领了江淮一带。唐景福元年（公元892年），他被唐朝统治者封为淮南节度使，统领一方。

夺取濠州后，军队有游街的惯例，杨行密经过开元寺时，见到沙弥打扮的小彭奴。大队人马声势浩荡，但小彭奴神态自若地盯着人群。杨行密见此子生得宽额粗眉、相貌堂堂，又见他小小年纪神色从容镇定，不禁暗自赞叹。他派人叫来住持问话，获悉小彭奴的曲折身世后，心生怜悯，决定认其为养子。

杨行密为何要收养一个陌生的孩子呢？原来收认养子是唐朝末年盛行的一种社会风气。杨贵妃就曾认安禄山为养子，后来安禄山还引发了一场"安史之乱"，叛乱的根本原因虽然不在杨贵妃，但也有间接关联。到五代十国时期，收认养子的风气依然盛行，有的王侯公卿甚至有百十个养子，所以杨行密的举动在当时不足为奇。

小彭奴就像一叶无人牵引的轻舟在乱世风雨中漂浮摆荡，无法掌控自己的命运。贵人突至，相中了他，他只能俯而就之。伯父李球得知消息后前来送行，对于这样的际遇，他无法预知前途，只是悄悄叮嘱侄儿，如果以后出人头地了，记得要认祖归宗，恢复自家本姓。小彭奴点点头，记住了伯父的话。

也许是命中注定，小彭奴最终没能成为杨行密的养子，而是被杨行密的得力干将徐温收养。原因很简单，杨行密的几个儿子都排斥小彭奴，长子杨渥最甚。他年岁较大，对是非利害有一定的认识，生怕这个养子会威胁自己的地位。面对杨渥突如其来的刁难，小彭奴无法承受，杨行密也觉得头痛不已。最后他只能取折中的办法，将小彭奴交给部下徐温抚养。

徐温，海州（今属江苏省连云港市）人，早年曾贩卖过私盐、参加过农民起义，后来投入杨行密麾下。他目不识丁却有勇有谋。杨行密攻下宣州（今安徽省宣城市）时，其余诸将率兵在城中四处抢掠财帛，唯有徐温一人带领众兵坚守粮仓。待城里的秩序稍稳后，他立即命士兵开仓取粮，以杨行密的名义广施粥食，救济饥民。因战乱而饥寒交迫的百姓万分感激杨行密，纷纷称其为

"好王爷"。徐温这番笼络民心的举动得到杨行密的大加赞赏，从此更加被器重。

正因徐温老成可靠，杨行密才会把小彭奴托付于他。徐温面对上级的嘱托，只得接受。他按照族谱辈分，给小彭奴改名徐知诰。徐温有三房妻妾，育有六个儿子，其中有一位李夫人，与徐知诰同宗，于是徐温便将徐知诰交给李夫人抚育。

徐知诰聪明懂事，颇受徐温一家喜爱。第二年，他被送进私塾上学。徐知诰非常珍惜来之不易的学习机会，刻苦用功，再加上天资聪颖，不到两年成绩便名列前茅。

一天，天色阴沉，书房里昏暗不明。授课的夫子见状，便让一个学生点起油灯，拨弄烛芯后，屋内变得明亮。夫子对此有感，转身向学生们说："今日就以油灯为题，每人作一首诗吧！"话罢，不再言语，众学子默默思索。

徐知诰回忆夫子挑灯的一系列动作，心中一动。过了一会儿，他便挥笔而就。年仅九岁的幼童，写出一首意味深长的诗。

咏灯

一点分明值万金，开时惟怕冷风侵。
主人若也勤挑拨，敢向尊前不尽心。

这首七言绝句虽只有短短二十八字，却道出一个九岁孩子渴望光明、珍惜光明的想法。开篇徐知诰便指出灯光对人们的珍贵程度——"值万金"，接着阐明原因——灯光带来的光明将人们从黑暗中解放，使人眼前光亮鲜明。

徐知诰以灯为喻，述说了用灯人应对烛灯加以照料和呵护，这样才能让蜡烛发出更明亮的光芒，才能物尽其用。他也暗中道出了自己虽寄人篱下，但通过勤学苦问，已知晓君臣、父子伦常，明白江山社稷不能缺少贤君和良臣。贤君需要良臣匡助，鼓励其发热发亮；良臣需要贤君尽心扶植爱护，避免其遭受风雨侵害。

徐知诰在诗中强调了人才的重要性。小小年纪已有此卓越见识，实不多见。授课的夫子看了他的诗文后，非常赞赏，将这首诗献给了徐温。徐温目不识丁，但他见徐知诰的字写得端端正正，再听了夫子讲解的内容后，十分惊讶于徐知诰的早慧，认为此子与他子不同，此后对他青睐有加。《全唐诗》记载："温阅之叹赏，遂不以常儿遇之。"

光阴似箭，转眼间已过十多载，徐知诰已长大成人。此时，天下局势已经历过一番风云变幻。把徐知诰从濠州开元寺带走的杨行密在唐天复二年（公元902年）被封为吴王，以广陵（今属江苏省扬州市）为都城，称江都府，南吴政权初具雏形（此时南吴并未独立建国，依然是唐朝的藩镇，但为了方便叙述，下文简称南吴）。杨行密短寿，只做了三年吴王便于唐天祐二年（公元905年）驾崩。

同年，长子杨渥嗣位为淮南节度使、弘农郡王等。但他昏庸无能，只顾贪图享乐，纵容亲信打压大臣、排除异己。杨行密旧将张颢和徐温忍无可忍，遂发动兵变，控制军政大权。唐天祐五年（公元908年），张颢杀杨渥，拥立其弟杨隆演为淮南节度使、弘农郡王。唐朝已于公元907年灭亡，但此时南吴仍沿用唐朝年号。

这一系列弑君、继位的政治事件，桩桩件件的策划都离不开一个人——徐温。在杨隆演继任淮南节度使初期，徐温杀掉张颢，权力逐渐达到顶峰。他先后被封为温国公、齐国公和大丞相，位居一人之下万人之上，把控着南吴的政权，而杨隆演则变成了徐温的"傀儡"。

随着徐温位极人臣，徐知诰开始为养父办事。他能力出众、智勇双全。在养父母面前，他极力呈现出一个完美的孝子形象，每日对徐氏夫妇晨昏定省，从不懈怠，徐氏一家对他越发看重。

徐知诰二十一岁那年，机会终于出现了。杨隆演任命他为升州（今江苏省南京市）防遏使兼楼船副使，训练水军。

父子离心

唐天佑四年（公元 907 年），唐景宗李柷，史称"唐哀帝"，颁布《逊位诏》，宣布禅位于朱温。从此，历史上辉煌、强盛的唐朝被大军阀朱温推翻。

朱温称帝后，建立了五代中的第一个朝代——后梁。中原地区的政权更迭，使全国各地的割据势力分为拥立和反对两派。杨行密发迹时曾与朱温结下仇怨，并互相攻打。如今朱温篡唐称帝，占领中原，南吴作为唐末的藩镇，并不承认后梁政权；加上朱温以正统自居，南吴更不会对其俯首称臣。此外，占领河东地区的李克用，以及占领凤翔地区的李茂贞都是反梁派。但与南吴邻近的吴越国和楚国却是拥梁派：南边有吴越王钱镠占领了苏南地区和两浙，西边有楚王马殷占领了湘桂等地。这让南吴产生两面夹击的危机感。为了加强军事力量以防备长江下游的吴越国和长江上游的楚国，南吴决定训练水军。在徐温的授意下，杨隆演把训练水军的重任交给了徐知诰。

徐知诰深知这是建功立业的大好机会，便把一切精力都投入到水军训练的事务上。为了组建一支训练有素的水军，他从各乡镇招募了数万名熟悉水性、体格强壮的青年子弟编入水军队伍。无论风吹日晒还是天寒地冻，这些青年每日在长江上进行操练，声势浩大。为了建造坚不可摧的战船，徐知诰从各地物色了一大批良工巧匠，不舍昼夜、马不停蹄地修建战船。

经过一年多的努力，徐知诰成功训练出一支庞大的、富有战斗力的精锐水师。这支水师拥有数百艘战船，水军熟悉各种军事演习技能，实力不容小觑。

徐温听闻后，有心检验，于是向杨隆演上奏，前往升州阅兵。徐知诰得知主上要亲临阅兵，知道这是一个不可多得的好机会，便为此做好了准备。到了阅兵那天，徐知诰披挂上阵，威风凛凛，娴熟地挥着令旗，下达一项项演习任务。水军将士们气势如虹，整齐划一、有条不紊地执行命令。

杨隆演看了不禁拍手称赞，一连说了多个"好"字。徐温也非常满意养子的训练成绩，感到脸上光彩阵阵。他观察杨隆演的神色，找准机会请奏将徐知诰升为升州副使、知州事，杨隆演颔首准奏。

经过两年的磨炼，徐知诰被晋升为升州刺史（相当于今天的省长一职），掌管地方军事、政务，有了实权。他上任以后，除弊革新，徐知诰有心扭转以往的地方官横征暴敛，对百姓、民生损伤极大的局面，施行仁政、整治腐败、大力发展生产。经过一系列的整治措施，升州的农业、商业以及社会秩序逐渐走上正轨，呈现出欣欣向荣的态势。除此之外，徐知诰广招贤才，各地贤达人士慕名而来，纷纷涌入升州。

徐知诰眼光独到，选出了几个政务和军事方面的人才，如宋齐丘、王令谋、曾禹、徐融等。有了文臣武将的协助，徐知诰治理升州更加得心应手，政绩越发显著。唐天祐十年（公元913年），徐知诰晋升为检校司徒。

唐天祐十二年（公元915年），杨隆演封徐温为齐国公，兼任两浙都招讨使，镇守润州（今属江苏省镇江市），以升州、润州、宣州、常州（今江苏省常州市）、池州（今安徽省池州市贵池区）以及黄州（今湖北省黄冈市黄州区）六州为齐国。得知朝野上下皆对养子治理升州的政绩赞不绝口，徐温便前往视察。果不其然，在徐知诰的管辖下，升州境内秩序井然，百姓安居乐业。他还发现徐知诰正在修缮金陵城，府库里粮钱充盈。视察一番后，徐温感叹，升州的繁华比起都城扬州有过之而无不及，且山清水秀。

此时，徐温取代吴王的野心日益显露。他将镇海军治所迁往升州，设立了大都督府亲自坐镇，接着将徐知诰调往润州担任团练使，封其为检校太保，并接手金陵城的重建。徐温还将原先由自己掌握的都城扬州的军政大权交给长子徐知训管辖，徐知诰细心经营的升州就这样被养父夺去。他虽心生不满，但因羽翼未丰，只得遵从父命前往润州。

徐知训不学无术，为人跋扈恣睢，在父亲的庇护下当上淮南节度副使。他听闻徐知诰治理升州颇有政绩，隐约有超越自己的迹象，妒忌和危机感随之产生。这个养兄弟从小就处处比自己优秀，若继续放任不管，他日必定会威胁自己继承父亲的爵位。于是，徐知训起了杀心，谋划了几次暗杀徐知诰的行动，但均被徐知诰一一化解。

父亲任命他把控扬州的军政大权，这个分量十足的托付让徐知训得意忘形，无暇顾及徐知诰。他目无君上、藐视皇权，对待朝臣以及杨隆演的态度凶恶骄横，并屡行侮辱人格之事，文武百官敢怒不敢言。徐知训曾和吴王扮作优伶，他自己当参军，让吴王当僮仆。他让吴王把头发扎成两个丫角，穿上破旧的衣服，手里拿着帽子，跟在他后面。还有一次，他和吴王去划船，吴王的左右侍从扶着吴王登船后，徐知训乘轻便的船追逐，可没有追上吴王，于是他就命人用铁器打死了吴王亲近的官吏。此外，徐知训随意打杀百姓，强抢妇女，犯下的罪行天理难容。由于过于肆无忌惮，他最终给自己招来杀身之祸。平卢节度使、同平章事、诸道副都统朱瑾曾派家里的歌妓前往问候徐知训，徐知训意欲强行霸占此女，朱瑾对此愤愤不平。徐知训又忌惮朱瑾地位比自己高，于是在泗州（今属安徽省宿州市）设置静淮军，派朱瑾为静淮节度使。朱瑾因此更加仇恨徐知训，但表面上则谦恭谨慎。朱瑾有一匹非常珍爱的良马和一个绝世美貌的宠妓。某天，徐知训来到朱瑾家向他告别。朱瑾大摆酒席，命宠妓歌舞助兴，还将那匹良马送给徐知训作为祝寿大礼，徐知训十分高兴。随后，朱瑾请徐知训进到中堂，并在户内安排埋伏了若干壮士。朱瑾妻子陶氏从后室出来拜见了徐知训。就在徐知训回拜的一刹那，朱瑾用笏板从背面击倒徐知训，并号令埋伏的壮士出来斩杀了徐知训。

朱瑾得手后，提着徐知训的首级面见杨隆演，并说："臣已为大王除去一大害。"杨隆演大惊失色，以衣障目，对朱瑾说："这事是你自己干的，我不想知道。"朱瑾不禁大骂。此时，徐温布防在扬州的亲兵得知消息后赶到，朱瑾越墙而逃，不慎将脚骨折断。随后，他对追赶的人说："我为万人除害，如今一人承担这责任。"说罢自刎而亡。

徐知训已死，杨隆演怕事避祸，徐温远在升州，扬州一时陷入无主境地，城内谣言四起，秩序大乱。第二个闻风而动的是近在润州的徐知诰。他深知机不可失，一边派心腹马仁裕立即前往扬州打探消息，一边召集座下的谋士商讨如何应对。

马仁裕探得消息后飞马返程回报，众人听了汇报后，徐知诰问：

"众卿有何良策?"宋齐丘首先答道:"如今都城混乱,应立即赶往扬州控制军政大权,稳定局势后,抚民心、取民意,即使齐国公赶到,您也有护驾之功。"徐知诰细想后,认为言之有理,其余谋士亦附议。

于是,徐知诰立即带兵从润州河岸出发,渡江进入扬州广陵城。进城后,他以护驾之名宣布接替徐知训淮南节度副使的职权,暂时控制了都城。徐温得知长子被杀、养子控制都城后,以为兄弟阋墙,遂连夜带兵赶往扬州。

大队人马到城门口时,徐知诰已下跪迎接。不待徐温问罪,徐知诰便迎上前向徐温汇报事发经过。徐温见他一脸诚恳,脸色稍霁。入城后,他发现秩序良好,百姓已恢复营生,与平日无异,只是巡逻的士兵稍有增多。

徐温脸色仍肃然,命他将徐知训被杀一事详细道来。徐温早知长子一向胡作非为,难免惹祸上身,听了徐知诰的汇报后,再亲自询问追擒朱瑾的亲兵。当听到朱瑾手提长子首级时,他目露凶光,了解到事实与徐知诰说的相差无几后,才渐渐消除怒色。但生性多疑的徐温对于养子擅自进入扬州、控制都城的做法十分不满,从此父子间嫌隙渐生。

这时,一个意外的消息传来:南边的吴越国乘人之危,举兵进犯南吴的毗陵地区(今江苏省常州市一带)。徐温得知后,顾不上料理都城之事,连忙整顿兵马前往毗陵作战,但他在半路上突染疾病,只得将作战指挥权交给徐知诰,返回金陵养病。

此举正是徐知诰大显军事才能的好时机。他带领南吴最精锐的军队在毗陵一代奋力抵抗,最终大破吴越军,歼敌数千,将吴越军打得连夜撤逃。徐知诰紧追不舍,直至将敌军赶出边界。重新派兵镇守边界后,他安抚边界百姓,犒劳军队,受到百姓和士兵的一致拥护。

经过这场战役，徐知诰收获了民心、军心。回到扬州后，为了进一步笼络民心，他宽缓刑罚，推广恩信，建造延宾亭招贤纳士。徐知诰对待杨隆演态度恭敬，君臣之礼处处重视。此外，对德高望重的元老功臣礼遇有加，经常谦逊地征询他们的意见，圆通处理臣僚关系，逐渐在朝野中树立起威望。他还经常派人以节度副使的名义探访民间疾苦，遇到婚丧匮乏的，就设法予以周济，在民间也赢得了好名声。

唐末以来，农田多有荒废，官府的持续征税使得百姓苦不堪言。徐知诰了解这一现状后，上奏杨隆演，请求豁免民间各地积欠的赋税。豁免法令下达后，还有徐知诰倡导的一系列鼓励农桑、轻徭薄赋的政策，百姓们喜之不尽，极力赞扬。此后，南吴的粮食产量逐年增多，经济越来越富庶。

尽管徐温身居金陵遥秉大政，但人心已大多归向徐知诰。他已经变成名副其实的淮南节度副使，牢牢掌握了扬州的军政大权。在金陵城养病的徐温只得默认这一事实，而他早先对养子的猜疑与防备已经完全变成了敌视和杀心，父子夺权已经在所难免。

建立南唐

　　唐天祐十六年（公元919年）四月，杨隆演即位吴王，改元武义，建立宗庙、社稷，设立百官职位，正式独立建国，实现了由藩镇向王国的转型。徐温被任命为大丞相、都督中外诸军事、诸道都统、镇海、宁国节度使、守太尉兼中书令、东海郡王，徐知诰为左仆射、参知政事兼知内外诸军事。

　　在徐知诰政治地位和民众威望日渐提高的同时，天下局势发生了剧烈的动荡。中原的后梁皇朝在河东节度使李存勖的大肆进攻下已经岌岌可危；而北边的契丹族首领耶律阿保机统一了各部落，并在公元916年建国称帝。耶律阿保机雄心壮志，大有进军中原之意，这使形势变得更为复杂。

　　在南吴朝着独立王国发展的同时，徐温与徐知诰的父子夺权之战逐渐白热化。吴王杨隆演夹受其中，左右为难，徐氏父子一直专权欺压，令他灰心失意，故而只称王一年，便于南吴武义二年（公元920年）忧郁而亡。

杨隆演去世后，徐温为继续专权，不顾长幼顺序，拥立杨隆演最小的弟弟杨溥为吴王，改元顺义。但他已经无法撼动徐知诰在都城的地位。他为了让徐氏一族继续掌控政权，临终前，徐温将金陵府的职权托付给次子徐知询。南吴顺义七年（公元927年），徐温病逝，徐知询不经上奏，私自宣布继承父亲爵位以及大丞相一职，与身在扬州的徐知诰分庭抗礼。同年十一月，吴王杨溥称帝，改元乾贞，任命徐知诰为太尉、中书令、都督中外诸军事等。

兄弟间的斗争越演越烈。与徐知诰的深思熟虑、步步为营相比，徐知询有勇无谋。他先是以徐温的丧事为名引诱徐知诰前往金陵迫使其交出军政大权。徐知诰对他的企图一清二楚，用政务繁忙不能全孝义为由拒绝前往。见此计不成，徐知询便与亲兄弟闹起内讧。徐知诰此时在都城扬州韬光养晦，按兵不动。徐知询一直等待徐知诰弑君篡位，自己好有借口出兵勤王。但徐知诰化被动为主动，反过来以吴帝之名召徐知询入朝议事，徐知询按捺不住，欲前往广陵打探徐知诰的虚实。徐知询的谋士极力劝阻，恐此行有诈。但他有恃无恐，不把徐知诰放在眼里，认为他隐忍多时是胆小怕事，便大模大样地前往广陵。当徐知询踏入广陵时，徐知诰正好瓮中捉鳖，立即以密谋造反的罪名将他囚禁，并宣布剥夺其在金陵的一切军权。所有势力均收归吴帝的麾下，徐氏嫡系势力彻底失败。

在徐知诰的操控下，吴帝杨溥对其加官晋爵，从南吴大和元年（公元929年）开始，徐知诰先后兼任中书令、兵部尚书以及参政事。另外，为了培养家族势力、加速篡位的步伐，徐知诰于南吴大和五年（公元933年）采纳谋士宋齐丘的建议，打算将金陵作为他登基后的新都，于是以吴帝的名义下诏，顺利出镇金陵。徐知诰还效仿养父徐温的手段，将自己的长子徐景通留守广陵，把控朝政。为了确保自己离开广陵后万无一失，徐知诰将谋士宋齐丘、王令谋等任命为同平章事、左右仆射，协助徐景通辅佐吴帝。

徐知诰在出镇金陵的第二年便以皇宫的规格大力扩建金陵城。南吴天祚元年（公元935年），吴帝加封徐知诰为齐王，将升州、润州、宣州、池州、常州、海州、江州（今江西省九江市）、歙州（今安徽省黄山市歙县）、信州（今属江西省上饶市）、饶州（今江西省上饶市鄱阳县）等十州划分给齐王徐知诰。可以说，南吴的半壁江山已经被徐知诰收入囊中。次年，徐知诰建立了大元帅府，宣布以金陵府为西都，以广陵为东都。

此时，傀儡皇帝杨溥已经三十六岁，还幻想着以画地封王的方式与徐知诰共享江山。但是只要有机会在前，人的野心永远不能得到满足，徐知诰也是如此。南吴天祚三年（公元937年），吴帝杨溥自知大势已去，为求自保，于同年十月下诏，宣布禅位于徐知诰。至此，南吴灭亡。徐知诰称帝后，改国号为齐，建元升元。南唐升元三年（公元939年），徐知诰以李唐宗室后人自居，恢复李姓，改名昪。更以中兴唐朝为名，改国号为唐，史称南唐。

李昪，出身低微，自幼父母双亡，在乱世中如同蝼蚁，任人踩踏。他从孤儿到帝王，从寄人篱下到雄霸一方，从一无所有到建功立业，凭着壮志和筹谋，历尽磨难，最终开创了南唐盛世。

正是在李昪称帝的公元937年，李煜降生了，仿佛冥冥中天意如此，他的命运亦因此而注定……

毁誉参半

　　李昪称帝后，勤于政事，针对南吴政权的不健全，他革除旧弊，创立新制。但新帝登基，免不了要处理前朝遗事，而摆在李昪面前的主要有两件事：一是旧主杨溥的待遇问题，二是养父徐温的追谥问题。这两件事的处理是否得当，关系着新朝的民心走向以及李昪的政治声望。

　　李昪在这方面是明智的，他登基后立马颁发诏书，尊册杨溥为"高尚思玄弘古让皇帝"，并将位于润州的牙城改建为丹阳宫，作为杨溥的居所，更任命亲信马思让为丹阳宫使，屯兵数百护卫杨溥。如此一来，表面上是宽厚优待，实际上则是软禁监视，杜绝杨溥与其旧臣联络，防止南吴势力死灰复燃。在这样的"关照"下，杨溥沮丧心灰，唯有终日奉诵佛经，在丹阳宫生活了一年，便抑郁而亡，年仅三十九岁，谥号为睿皇帝，葬于平陵（今地不可考）。

　　对于养父徐温，李昪采取的也是表面优待的方法——追谥加尊号。死者已矣，已经对活着的人没有任何威胁，更何况逝者还是对自己有养育和栽培之恩的养父。所以，李昇在对待徐温的追封问题上更大方，追谥其为忠武皇帝，庙号太祖，以示自己的孝义和宽大心胸。后改国号为唐，徐温的庙号亦改为义祖。

新朝新气象，个别有心计的大臣为了讨好李昇，曲意逢迎，上表建议将各地凡是带有"杨""吴"字的府、州、县一律易名，以遏制前朝的影响。更有前朝杨氏宗室为求明哲保身，奏请李昇改杨姓为羊姓，暗示愿意与牲畜同类，绝不冒犯天威。对类似的奏本，李昇统统驳回，并严令不得再提此事。他真正关心的是社会发展与民生百态，从他改国号为唐，便可看出其有恢复盛唐气貌之意。李昇这样想，也是这样做的。

李昇在位期间，政治上严肃内廷，起用贤士，广开言路，对南吴旧臣量才录用，张居咏、李建勋、张延翰等均被任命为同平章事；经济上轻徭薄赋，与民休息，兴修水利，每年春耕都会带领文武百官举行籍田典礼，鼓励农桑；军事上戢兵睦邻，保境安民，削弱藩镇；文化上崇文重教，发展教育。南唐升元四年（公元940年），李昇创立了庐山国学，招揽各地贤才、名士前来授课讲学，此为中国古代四大书院之一白鹿洞书院的前身。对此，李昇做出了巨大的贡献。另外，他还征集各地的文献图集，收藏量多达三千余卷，使南唐日后享有"文献之地"的美誉。

李昇施行的种种措施均取得了骄人的政绩。一是使南唐各项制度在当时的大动乱时期具有某种拨乱反正的效果，深刻影响了宋乃至元、明、清的政治体制；二是极大地促进了江淮地区的经济发展，使经济重心逐渐南移，南唐也成为当时江淮地区的头号强国；三是使南唐成为五代十国时期的文化基地，对中华文明的传承和发展起到积极的推动作用。

历史的发展轨迹总是相似的。建业初期，李昇在个人要求和为政举措方面稳重且谨慎。所以，他在位的前期，阶级矛盾相对缓和。他也曾有过问鼎中原的大志。南唐升元四年，南唐与中原后晋曾经交战，南唐完败，此后李昪不轻易动干戈，外交政策趋于保守。

正因为偏安一隅，纵使有多次拓宽疆土的大好机会，李昪都放弃了。如南唐升元五年（公元941年），邻邦吴越国的都城被一场大火吞噬，宫殿械库付之一炬，国主钱元瓘更因此得了惊惧病，命不久矣。群臣认为机不可失，上奏李昪出兵一举攻灭吴越，李昪思虑良久，以新朝初立、不宜妄动为由拒绝开战，甚至遣使者前往吴越送粮慰问。李昪的官方说法是不愿意乘人之危，应该睦邻友好，但实际上是底气不足。他担心一旦战败，不单损兵折将，还会得罪吴越，导致边境不安，国内苦心经营的良好局面也随之被打破。大臣冯延巳私下讽刺他是一个守成有余、进取不足的"田舍翁"，这也为南唐短短三朝的覆灭埋下了伏笔。

李昪在位仅七年，在位后期他崇尚道术，痴迷炼丹，因服用过量丹药，引起慢性中毒，性情变得易暴易怒，最后毒气攻心，背部长出一个恶疮，无法治愈。南唐升元七年（公元943年），李昪因病入膏肓驾崩于升元殿，终年五十六岁，谥号光文肃武孝高皇帝，庙号烈祖，葬于永陵。

后世人对李昪的评价不一，有人认为他是一代贤君，有治世之才，也有人认为他背父篡位，不忠不义，可谓毁誉参半。陆游在《南唐书》中有此评价：

帝生长兵间，知民厌乱。在位七年，兵不妄动，境内赖以休息。性节俭，常蹑蒲履，用铁盆盎。暑月，寝殿施青葛帷，左右宫婢裁数人，服饰朴陋。建国始，即金陵治所为宫，惟加鸱尾、设栏槛而已，终不改作。……仁厚恭俭，务在养民，有古贤主之风焉。

政治斗争往往是残酷而凶险的。在乱世风云中，不乏雄心壮志者，有的试图扭转乾坤，有的试图再造河山，而留给世人的或是千古悲歌，或是名垂青史。李昇的功与过早已随无情的光阴化成烟尘往事，他是故步自封还是小境安民，我们不得而知，这无尽的遐思唯有留与后人评说……

第二章

帝业沉浮，刀光剑影

　　李璟，李煜的父亲，南唐嗣主。在位期间，他纵情声色，偏信奸佞，穷兵黩武，最终招致后周来犯。束手无策的李璟被迫割地求和，自降名位。为保周全，他将国都迁至洪州，后又落魄返回金陵，且命丧归途。李煜临危御极，面对千疮百孔的南唐，他开始了十五年苦心经营之路。

穷兵黩武

　　李昪驾崩前，传位给齐王，并告诫他守成业、交邻国、保社稷。南唐自此迎来它的第二位君主——元宗李璟。李璟，初名李景通，南唐升元三年（公元939年）李昪恢复李姓后，改名为李璟。他是李煜的父亲，二十二岁封王，二十八岁继位，当时李煜不过七岁。不论是个人爱好还是治国理政，李璟对李煜的影响都是巨大的。

　　烈祖李昪一共有五个儿子。正室王氏早逝，没有生育；续弦宋福金，即南唐的开国皇后，共诞下四子，分别是景通、景迁、景遂、景达；侧室种贵妃育有幼子，名景逷。在五子当中，长子景通爱好诗词、音律，一派风流才子的作风；二子景迁仁厚节俭、能力出众，颇有李昪的风范，可惜英年早逝；三子景遂正直豪爽；四子景达善良开朗，德行高尚；五子景逷聪明机敏，深得李昪喜爱。

　　在李昪的心里，其余四子在性情和个人能力方面，似乎都比长子强。但在封建帝制时代，李璟有一个巨大的天然优势——他是嫡长子。这是基于当时一夫一妻多妾的婚姻制度而形成的社会制度，强调嫡庶之分、尊卑之别，有的政权以父死子继为主，兄终弟及为辅。所以，早在南唐升元四年八月，李景通已被立为皇太子。

南唐升元七年（公元943年），李昪驾崩，李景通继位，改年号为保大，尊奉其母宋氏为皇太后，封其余诸弟为王，封长子李弘冀为南昌王。李璟的个性和父亲李昪截然不同，他生性恬淡软弱，不热衷权位，但多才多艺，好读书，热爱诗酒风流。

李璟年少时曾立志当山野隐士。当时李昪还未称帝，但在官场上已经节节高升。开创南唐后，李璟看到太多父子兄弟间的钩心斗角、尔虞我诈。那段时间，他对朝政不甚在意，埋头于诗词歌赋中。继承大统后，身负兴国重任的李璟虽无治国之才，但也有心建功立业，弥补父辈的遗憾。于是，他在行事作风上，与李昪背道而驰。他违背了父亲节俭朴素的教诲，为其大办国丧，花费巨资修建陵墓，劳民伤财。

但身为帝王，自然有功有过。李璟即位那年，虔州（今江西省赣州市）盗贼张遇贤聚众起义，盘踞一隅，自称中天八国王，甚至改元永乐，欲自立为帝，这股势力直接威胁着南唐边境百姓的人身和财产安全。李璟听闻后，于同年冬，派遣洪州营屯虞候严思、通事舍人边镐率兵擒杀张遇贤，平定了盗乱。

此外，继位初期的李璟还改变了南唐旧有的保境安民政策，不断向外扩张领土。南唐保大四年（公元946年）灭闽国，南唐保大九年（公元951年）灭楚国，南唐一度成为十国中最强盛的国邦。可惜他用人不当，罢免了李昪时期的元老重臣，起用了一批与自己兴味相投的奸佞小人，比如专好弄权的宋齐丘以及自李璟年幼时便侍奉左右的冯延巳，还有冯延鲁、陈觉、查文徽、魏岑等，他们多是东宫旧臣，一身文才但在政务上毫无才干，只会溜须拍马、欺辱朝臣、结党营私，被南唐人称为"五鬼"。

在他们的蛊惑下，李璟见好不收，反而继续打压周边邻国，导致叛乱四起，使南唐疲于应对。穷兵黩武带来的后果是令国家元气大伤。南唐在李昪治下的面貌是国富兵休、不妄言战，可惜李璟忽视了这一点，没有加强南唐的国防力量便对外征战，导致国力大耗、士气大损。

史书上有人曾赞扬李璟为君仁厚，但实际上折射的是他心慈手软的性格。面对诸多大臣弹劾"五鬼"的奏章，李璟的处理办法是息事宁人，有心偏袒。如此重私情而不讲公理的态度，无异于纵容"五鬼"越发为所欲为、拉帮结派，导致朝政日渐松散。

两次征战的后遗症日益显露出来，周边邻国对南唐越发警惕，睦邻关系变得紧张，闽国的灭亡使南唐与吴越交恶，楚国的灭亡使中原王朝的既得利益遭受损失。吴越国恐南唐侵犯，在边境布下重兵戒备，并向中原王朝求援。南汉国在李昪在位时曾要求结盟攻打楚国，平分土地，但被李昪拒绝。如今南唐私自征伐，使南汉愤慨不已，倒戈相向。一时之间，南唐可谓四面楚歌。

在这种局势下，南唐只得增加对军备力量的投入。但国库不足以支撑如此庞大的开支，朝廷只好将压力转嫁到百姓身上。围绕在李璟身边的一帮谗佞专权的奸臣，为了博取圣心，不断以各种名目对民间征收苛捐杂税，南唐百姓备受剥削和压榨，苦不堪言。此举与先祖李昪轻徭薄赋的政策相悖，摧毁了他一直苦心经营、仁厚爱民的立国之本。

如此重压，加上天灾频繁、粮食产量锐减，南唐的百姓处于水深火热之中。某些地区的农民因交不起税，开始大量外逃，弃田不耕，许多村落渐渐出现了人地荒芜的景象。在古代，土地是国之根本、民生之根本，李璟虽然也意识到粮食不足的危机，但他没有重视、解决这一问题，反而一如既往地寻欢作乐，举办各种奢华的宴会，如百花宴、消暑宴、内香宴等。对于各地不断上呈的粮食减产奏折，他在束手无策之下竟轻信了两个宦官之言，实行屯田制，并封二人为屯田使。结果他们中饱私囊，强行霸占了许多农民的肥沃土地，越来越多的农民背井离乡、流离失所，国中怨声载道。

在民怨越发鼎沸之际，某些屯垦区接连爆发了农民起义。李璟大惊，立即派兵镇压，但起义风波稍停，南唐却迎来了更大的危机。由郭威创建的中原王朝后周正准备举兵南征，逐步走向衰弱的南唐正是它的目标。

南唐保大十三年（公元955年）十一月，后周大军正式南征。此时，郭威已经去世，在位君主是具有雄才伟略的周世宗柴荣，后周在他的统治下迅速崛起。柴荣任命大臣李谷为淮南道前军行营都部署，负责先头部队的军资供应和运输，另派赵匡胤、韩令坤等十多名将领分头带兵向南唐的各州县进发。出发前，他对南唐下了一道罪诏，诏书的大意为：李璟所统治的南唐不是正统，只是由一帮愚蠢的盗贼所建立的伪政权，敢无视后周王朝的招安，越位称帝，实属可恶。此外，南唐趁晋汉交替、海内不宁之际，招降纳叛，支援逆贼，而后侵夺闽、楚两国，使生灵涂炭，更勾结契丹，引狼入室，实属中原边境的一大祸患。如此对立，后周必伐之。

此前，为了征服南唐，柴荣与群臣仔细研究了南唐的地理环境，他发现地处江淮的南唐水道纵横，运兵作战、输送粮草都离不开船舶。因此，柴荣首先将后周境内的河道一一疏通，然后打造数量众多的大型船只，如此一来便可顺流而下，直逼南境。

后周来犯

李璟收到诏书后心急如焚，后周的强大他是有所耳闻的，怎可掉以轻心。得知后周军欲先取寿州，李璟马上任命神武统军刘彦贞为北面行营都部署，率领两万兵马驰援驻扎于寿州前线的清淮节度使刘仁赡。此外，另派三万兵马驻守濠州，镇南节度使宋齐丘也被李璟紧急召回。

这时，寿州的南岸却出现了纰漏。原来，每年十一月的江淮水位都会变浅，南唐总会加派士兵守驻，以防备北边的偷袭，其为"把浅"。李璟继位以来，疏于政务，朝中上行下效，怠懒之风盛行，现任的寿州监军吴廷绍正是如此，他认为南唐当前正值太平年月，没有必要"把浅"，于是将这项制度取消。如今，虽是"把浅"的季节，南岸却无人把守，给了后周可乘之机。

水虽然浅，但后周军要过河也不容易。于是，李谷准备搭建浮桥带兵过河。与此同时，后周的先锋部队接连传来捷报：寿州城、山口镇、上窑共歼灭约五千南唐军。柴荣乘胜追击，决定御驾亲征，给予南唐更大的震慑。

驻守寿州的南唐将领刘仁赡临危不惧，镇定指挥。当南唐的援军到达寿州西南二百米远的地方时，他认为反击的机会来了。后周军每日的给养都需通过浮桥，只要切断浮桥，待援军一到，后周军必然腹背受敌。但这个计划被后周事先察觉，李谷并不知道柴荣正率领援兵赶来，谨慎的他带着士兵迅速撤退至正阳。柴荣想阻止已经来不及了，大军压境的计划被打乱，他只好充当前锋部队，替李谷在前线开路。

南唐的援军将领刘彦贞是个好大喜功、有勇无谋的人，他本该留守寿州西南等候合击指令，但见李谷迅速撤退，竟不顾劝阻一路追击至正阳，将自己的军队力量完全暴露。此时，后周大将李重进赶到正阳，双方遭遇，展开激战。刘彦贞措手不及被斩落马下，主帅战死，士气一落千丈，最后南唐军大败，死伤过万，粮草军械全部被夺。

这一仗令南唐元气大伤。由于刘彦贞的失误，柴荣的军队顺利渡过浮桥到达寿州城下，扎营于淝水北面。为了集结更多的兵马，柴荣命令将浮桥迁移到下蔡镇使用。此时，南唐军在寿州东北部的濠州境内用数百艘战船控制淮河，人数约有一万，柴荣派将领赵匡胤前去伏击。赵匡胤使出诱敌之计，将南唐军引至大军埋伏的涡口，歼灭数千南唐军，接着绕道清流关，直取滁州，南唐军接连失地，节节败退。

李璟闻讯后不胜惊慌，急忙派遣将领王知朗前往徐州求和，带去的书信上写着：李璟愿意以柴荣为尊，以兄长之礼相待，每年缴纳岁贡。但柴荣并不理会，正计划突袭南唐的东都——广陵。东都副留守冯延鲁毫无防备，广陵迅速陷落，人心惶惶，冯延鲁弃城而逃、削发为僧，被后周军擒获。广陵西边的天长县囤放了二十余万石粮饷，是军备重地。制置使耿谦得知广陵失守，恐祸及自身，主动向后周投降，献出粮饷。在充足的物资供给下，后周势如破竹，攻下了离广陵不远的泰州。

与南唐毗邻的吴越国见势也起了觊觎之心。为了分一杯羹，吴越王钱弘俶派遣使者朝贡后周，收到柴荣的诏书后，当即派重兵驻守与南唐交界之地，蓄势待发。得知南唐的常州兵力不足后，钱弘俶犹豫再三，决定进攻常州。眼见常州即将失守，南唐开国功臣柴再用之子柴克宏主动请缨，要求前往常州督战。柴克宏是将门血脉，颇有军事才能。在他的带领下，南唐军士大败吴越军，歼敌一万余人。

吴越战败后，南唐的后方暂时安稳，作战神勇的柴克宏被封为奉化节度使。此时，寿州战事胶着，柴克宏再度请求前往支援，但途中突发疾病而亡，南唐痛失一员大将。民众国危自救，淮南地区出现了一支由附近州县百姓自发组织的抗周义军——白甲军。因在乡间作战，白甲军对地形地貌十分熟悉，于是采取游击战术，便于躲藏，再加上当地民众的暗中相助，数次击退后周军。柴荣见久攻不下，且损兵折将，便撤离白甲军的作战范围，集中力量攻打寿州。

李璟束手无策，他一边继续向柴荣求和，一边秘密派使者向契丹求援。为了使柴荣满意，他还派遣文臣奉表称臣，进献数千金银珠宝、绫罗绸缎，五百军牛，两千石酒，更割让寿、濠、泗、楚、光、海六州，请求后周撤兵。柴荣依旧不予答复，而李璟向契丹求援的信件亦被后周截获，遂求救无果。

南唐保大十四年（公元956年），李璟再次派司空孙晟、礼部尚书王崇质奉表向后周求和，他们的言语更加谦卑、贡礼更加贵重，但柴荣还是没有任何表态。对寿州的攻坚战已持续了一年，在刘仁赡的死守下，后周无法破城，孙晟等人的到来让柴荣心生一计，将孙晟送到寿州城门下，威胁他劝降刘仁赡，否则性命不保。孙晟表面上答应，但在劝降当天大发凛然之语，鼓励刘仁赡继续坚守寿州。柴荣怒不可遏，毒杀了孙晟，并下令对寿州发动总攻。

孙晟的英勇就义震动了刘仁赡，也极大地鼓舞了南唐军的士气。柴荣见硬攻不成，便从邻近的州县强征了大量壮丁日夜不停地运土，欲填平寿州的城河，架云梯登上城楼。刘仁赡智勇双全，火烧云梯、烟熏敌军、火投洞屋、礌石压敌，任柴荣使出千般花样，他都一一化解。连柴荣都对刘仁赡生出欣赏之情，欲招揽此将才。

死守始终不是良策，虽然李璟不断派出援兵前往寿州，但均被后周的赵匡胤率兵拦截。寿州城内的粮草逐渐供应不足，即使刘仁赡再有计谋也无法挽救人力、物力的缺失，他忧心成疾，继而卧床不起。他的部将见大势已去，便私自以刘仁赡的名义写了一份降表，刘仁赡得知后气愤而亡，后周终于占领了寿州。作为军事重镇，寿州交通发达，是历来兵家必争之地，也是南唐在淮河流域最重要的据点。柴荣占领了寿州等于折断了南唐的一条臂膀，后周统一全国的计划成功迈出了关键的一步。

割地降位

寿州一破，各州接连失守，南唐败局已定。李璟无法面对国中惨象，生出退位之心，欲将皇位传给皇太弟李景遂，李景遂再三推辞。南唐中兴元年（公元958年），柴荣再次率军到达江北的迎銮镇。他整日演练兵马，一副蓄势待发的阵仗，对南唐加以威吓。李璟恐处理不当，走上亡国之路，便立即派遣枢密使陈觉奉表纳贡，表示愿意取消帝号，降为国主，向后周称臣，他甚至为避周信祖郭璟之讳改名为李景（为了方便叙述，下文仍称李璟），恳请柴荣同意他传位给长子李弘冀，并以长江为界，献出庐、舒、蕲、黄四州。柴荣这才点头同意，除了长江天险地形恶劣难以进攻外，此次南征耗时较长，再继续下去，后周兵力恐难支撑，难免给北方的北汉与契丹可乘之机，所以他思虑再三，同意撤兵。经此一战，后周一共得到南唐十四州六十县，江北全境未费一兵一卒便收入囊中。先祖李昪苦心经营二十载建立的南唐就这样断送在李璟手中。从此，南唐成为后周的一个附属国。

南唐不再拥有自己的年号，皇帝改称国主，改用后周显德年号，每年须向后周进贡朝拜。后周消除了南面的威胁，并得到南唐大量的土地和人口，充实了国力和物资，为北上攻伐契丹创造了有利条件。柴荣为表后周仁厚，示意李璟不必禅位于长子，仍可担当国主。

李璟素来喜爱读书写诗，往常涉猎不少以亡国为题材的历史文章和诗词。他无治国之才，但身上却具有文人脾性，如今仪制大降，不仅黄袍改红袍，而且不能再用所有与帝王有关的象征性装饰，受此屈辱，他心中难免抑郁难平。

割让江北以后，南唐遇到了许多困难，国家渐趋贫弱。当时，南唐没有盐田进行熬盐。小小的盐看上去平淡无奇，却是决定国家存亡和富裕的关键，在饮食、健康、储物、经济等方面有举足轻重的作用。如此重要的生活必需品面临短缺，李璟只好再向后周请求归还产盐的地区海陵，柴荣当然不同意，他回复：想吃盐就得买，只要南唐用钱币或者其他等价物资进行交换，后周每年可以供应三十万斛盐给南唐。

这项巨额开支对战后的南唐而言可谓雪上加霜。连续几年的战事令李璟仍然心有余悸，他开始重新审视周围的人和事，希望做点什么来维持南唐的苟安。长子李弘冀虽有武才，但为人多疑严苛，对国主之位志在必得。李璟一直认为李弘冀不适合当一国之君，加之李弘冀毒杀了对他继位有威胁的叔父李景遂，更加证实了李璟心中所想。除了继承者，李璟还动手处置了一批官员，包括宋齐丘、陈觉、李征古等，多是早期围绕在他身旁的奸佞小人。

整顿完朝纲，李璟又着眼于眼下的处境。他对柴荣三征南唐一事耿耿于怀，尤其是他率兵隔岸威吓，一直让李璟惴惴不安。割让江北后，金陵与后周只有一江之隔，虽然长江难渡，但毕竟相距太近。于是，他思虑再三，向群臣提出了迁都的想法，建议选在离长江三百余里的洪州。洪州位于金陵的上游，地势险要，可攻可守。但大多数朝臣都反对迁都，因为金陵作为千挑万选的都城，优势诸多，洪州望尘莫及。三国时，诸葛亮曾到金陵考察，他评价金陵的地貌"钟山龙蟠，石城虎踞，真乃帝王之都也"；南朝诗人谢朓也曾发出"江南佳丽地，金陵帝王州"的感叹，形象地概括了金陵绝妙的山川风物。因此，历史上有多个朝代定都于此，但李璟依然执意迁都，下令将洪州定为南都，称南昌府。

从古至今，迁都都是一件非同小可的大事。南唐要迁都，光是重建都城和宫殿就要花费大量的人力、物力以及财力。自战败割地后，南唐不仅赋税收入严重缩水，而且每年还要向后周进贡大量的金银财帛，国库中并没有足够的经费支撑迁都。于是，礼部侍郎钟谟建议铸造大额钱币，以一当十，称"永通泉货"。此外，南唐还铸造了一种以一当二的小钱，称为"唐国通宝"，与旧有钱币一同流通使用。

两年后，南都的城池和宫殿终于建造完毕。正当李璟准备迁都时，太子李弘冀突然暴病而亡。与此同时，中原王朝也发生了剧变。柴荣驾崩，四子柴宗训继位，年仅七岁。后周显德七年（公元960年），殿前都点检赵匡胤发动政变，史称"陈桥兵变"。赵匡胤在政变中被拥立为帝，后逼迫幼主柴宗训禅位。同年，赵匡胤正式登基，改元建隆，国号为宋，史称"北宋"。这样一来，李璟迁都的决心更加坚定了。

长子李弘冀去世后，李璟便封李从嘉为吴王，入主东宫，后立为太子。宋建隆二年（公元961年），李璟安排李从嘉在金陵监国，自己带着禁军和百官前往南都南昌府。到了南都后，不管是居住的宫殿、房舍还是日常生活、地理格局，都显得狭隘局促，远远比不上金陵。文武百官多有不适，不断上奏要求返回金陵，呼声越来越高。李璟开始动摇，但他一想到自己花费巨资建好的都城就这样被弃置，心有不甘，况且回去又要面对中原王朝的隔江威胁，这是他心中最大的阴影。然而，南昌府实在过于狭窄，不管是军事方面还是经济建设方面都施展不开手脚，李璟左右为难，心焦不已。他犹豫再三，决定重回金陵。

在返程的路上，李璟意外病倒了。俗话说，病来如山倒，没几天李璟就卧床不起、无法进食了，每天靠饮用蔗糖水维持残躯。他知道自己命不久矣，于是将身后事一一交代清楚，并命太子将自己薄葬于南昌府的西山，不许奢华铺张大办丧事。

同年六月，李璟驾崩，终年四十六岁。太子李从嘉即位，他不忍父亲遥葬于孤僻之地，所以没有遵从李璟的遗命，而是将灵柩运回金陵，安置在万寿殿。他知道此事不能悄然进行，必然要上报中原朝廷，于是派遣使臣面见宋太祖赵匡胤，希望恢复父亲的帝号。赵匡胤为表仁慈，同意恢复，追谥李璟为明道崇德文宣孝皇帝，庙号元宗。次年，李从嘉择好黄道吉日，以皇帝的仪制规格将李璟安葬于金陵城郊的顺陵，史称"唐中主"。

大江东去

　　唐代诗人李山甫在《上元怀古二首·其一》中写道："南朝天子爱风流，尽守江山不到头。总是战争收拾得，却因歌舞破除休。"仿佛早有预见，他伤悼的虽然是南朝，但也符合南唐的命运。我们从历史的兴亡交替中得知，定都金陵的数个朝代都是"短命皇朝"。虽然这里的文化与经济十分发达，但执政的君主却无一例外最终走向偏安一隅的境地。地势险要、物产丰饶的江南仿佛有一个天然的屏障，使他们产生高枕无忧的错觉，只一味安于享乐，不思朝政。

　　总体来说，李璟在治国上是失败的。除却继位初期平定贼乱、扩张版图的举措外，南唐一直在走下坡路。但另一方面，他在位期间，极力推动南唐的文化发展，与后蜀并称为"文化之邦"。这与他自身的兴趣爱好、文学造诣有相当密切的关系，拥有颇高艺术修养的李璟除了收藏有数量庞大的墨宝典籍外，还常和韩熙载、冯延巳等文臣饮宴赋诗，时有佳作流出。他的词清新脱俗、不事雕琢、情感真切。在李璟的熏陶下，李煜也怀抱一身的文思才情，成了"千古词帝"。

"大江东去，浪淘尽，千古风流人物。"李璟没有以贤君之名永垂青史，但却以杰出的词作流芳百世。他的词作虽然不多，但首首经典，且对李煜以及其创作有不可磨灭的影响。如下面这一首：

摊破浣溪沙

菡萏香销翠叶残，西风愁起绿波间。还与韶光共憔悴，不堪看。

细雨梦回鸡塞远，小楼吹彻玉笙寒。多少泪珠何限恨，倚栏干。

这首词是李璟在南唐内外交困①时创作的。他借助男女之情来表达自己的忧愁与感慨。上片重在写景，残荷的凄美、秋风的萧瑟、秋水的凉意，其中夹带一个"愁"字，把人的情感融入景物之中，感叹自身与秋景一样悲苦、憔悴。下片着重抒情，以思妇的梦境来衬托满腔的愁怀，"多少泪珠何限恨"一句引出全词最精彩的部分——滴不尽的相思泪、诉不清的离别恨。

中国诗词历来讲求意境，在创作中常常隐藏真正的情感，如李璟这首《摊破浣溪沙》，用爱情"掩盖"了国仇家恨，而读者可以有诸多猜测，正如一千个读者就有一千个哈姆雷特。王国维在《人间词话》中曾言"中、后主词应在《花间》范围之外"，意思是不能将李璟父子的词看作是一般的男欢女爱、花间艳词，后世人亦将李煜父子的词划分为花间南唐派别。因此，即使读者无法知晓词中所愁之事为何、所思之人是谁、因何而愁，也可以通过对诗词整体的把握去细细体会作者想要表达的情感。再看李璟的另外一首《摊

---

① 内因是指以宋齐丘和钟谟互相对立的两党之争愈演愈烈，给南唐朝政带来极大的隐患；外因是指后周对南唐的再三征伐。

破浣溪沙》。

摊破浣溪沙

手卷真珠上玉钩，依前春恨锁重楼。风里落花谁是主？思悠悠。
青鸟不传云外信，丁香空结雨中愁。回首绿波三楚暮，接天流。

这是一首春恨词。此词的由来有一则故事，明代王昌会在《诗话类编·卷五》中记载，有一次，李璟在后花园设宴，忽然飞来许多白野鹊，它们聚集在一处，仿佛在听宴会的鼓乐之声，众人啧啧称奇。李璟随即命乐工王感化赋诗一首，王感化凝神片刻，即应声道："碧山深洞恣游遨，天与芦花作羽毛。要识此来栖宿处，上林琼树一枝高。"李璟赞誉，词兴大发，于是填词两阕，其中一阕，即此篇。此词同样借助男女相思之情，表达自己面对后周步步逼近南唐的无奈、困苦之意。但整首词写得十分隐晦，总体上仍是以景抒情，但与上首有不同之处。

如开头一句"手卷真珠上玉钩"，非景非情，平铺直叙，借女子掀起珠帘的动作引出"春恨锁重楼"的主旨，继而描写思念之情悠悠无尽。下片写思念的原因，借西王母与汉武帝以青鸟传信的典故，比喻自身的愁绪就连青鸟也无法传达，心中郁结久久不散，也暗含了宴会上见到的白野鹊，既灵动通透又情真意切。最后的"绿波""接天流"不禁让人想起李煜那句著名的"恰似一江春水向东流"，父子之间一脉相承，密切相合，令人慨叹。

与父亲李昇九岁作咏灯诗一样，李璟也有相似的经历。在他十岁那年，授课的夫子见门外有一棵新竹，便让他以此为题作一首诗。李璟沉吟片刻，也不用纸笔写下，张口就道："栖凤枝梢犹软弱，化龙形状已依稀。"当他准备继续往下吟时，夫子已拍手称赞，而李璟的思路也被打断，重新续上已很难，所以流传下来的只有这首残诗。偏偏这两句与李璟的命运十分相似，仿佛是他一生的写照，令人唏嘘不已。

除此以外，李璟在书法方面也颇有造诣，草书、楷书、篆书、隶书他都很擅长。由此可见，李煜的身上随处可见李璟的影子，但他青出于蓝而胜于蓝。

属于李煜的时代悄然开始，他的一生与南唐的兴衰无法分割。如冥冥中自有天意一般，他出生那年是南唐建立之时，他撒手人寰之日也是南唐真正覆灭之际。若不知晓南唐从发展到衰亡的每一步，就无法体会李煜词作的风格变化，也无法得知他的心路历程。与李璟一样，他用挥毫洒墨的双手来指点江山，以吟风咏月的心绪来决断朝政……

第三章

翩翩少年，俊来风流

　　青年李煜才思敏捷、游猎广泛，对诗词、文墨、音律皆有高深造诣。他无心争夺权利，只在艺术的园地里流连忘返。潇洒俊逸的李煜还在大好年华遇到了他的一生挚爱——周娥皇，二人伉俪情深，在音律乐舞方面可谓琴瑟和鸣，为后世留下一段佳话。

夹缝生存

李煜，本名李从嘉，是南唐元宗李璟的第六子，即位后改名为煜。至于他为何要改名，后世学者认为古代的帝王权贵十分迷信占卜、风水和命理学，他们相信改名可以改变人的命运，能给自己或者国家带来好的运气。李煜的祖父和父亲都是在建立政权后改名，仔细观察他们的名字可以发现：李昇、李璟和李煜三人的名字中都有一个"日"字。

李煜的"煜"字，取自汉代扬雄《太玄·元告》一文的"日以煜乎昼，月以煜乎夜"一句。意思是太阳司职照亮白天，月亮司职照亮黑夜。"煜"有明亮、照耀、火焰之意。对于李煜来说，寓意更为深刻。他希望自己能像太阳一样，给江山社稷带来新的生机和光明的前途，给百姓带来安居乐业的生活。这是一个美好的愿景，也是他登基后的决心。

李煜之所以有这样的愿望，是因为他执政南唐后的局面已不尽人意，无论是政治、经济还是社会，都矛盾重重、积重难返。中原的宋王朝越发强大，宋太祖赵匡胤雄才伟略，南唐无力抗衡。

祖父李昪建立南唐时，举国上下一片欣欣向荣的安宁景象。那年是南唐升元元年（公元937年），李煜呱呱坠地，他出生的日子恰好是中国民间的传统节日——七夕节。七夕如今已潜移默化地成为中国的情人节，寓意恋人间的甜蜜、美好，然而它本身却是一个凄美悲伤的爱情故事，有诗云："七夕今宵看碧霄，牵牛织女渡河桥。"

且不说李煜诞生的日子充满了浪漫色彩，他出生时的相貌也颇让人称奇。欧阳修《新五代史》中记载："煜为人仁孝……而丰额骈齿，一目重瞳子。"丰额是指额头宽阔丰满，骈齿是指门牙重叠，一目重瞳是指有一只眼睛里长了两个瞳仁。这种奇特的相貌在古人看来是圣贤或者帝王才具备的长相，比如西楚霸王项羽、上古部落首领虞舜等。因此，李煜一出生就受到重视，李昪见到自己的孙辈中竟然有如此相貌奇伟之人，更认定李家是天命的帝王之族。于是，在李煜出生三个多月后，李昪清除障碍，顺利登上帝位，对这个小孙子也越发喜爱。李璟惊讶于儿子的样貌，李煜虽然不是嫡长子，但李璟依然对他多加关注，因为李煜降生于良辰之日，李璟为他起名"从嘉"，寓意一切安好，又因为他拥有双瞳，所以取字"重光"。

李煜生长于深宫，备受父母的呵护与关爱，过的是锦衣玉食、娇生惯养的生活。虽然李昪称帝后提倡节俭，但毕竟是帝王之家，李煜眼前、耳旁出现的尽是珍馐美馔、宫廷宴会以及钟鼓之乐。

宫中无忧无虑的生活使李煜不谙世事，李昪保境安民的政策也令他度过了一个纯真无邪的童年。李煜自幼聪颖过人，琴棋书画皆有名师指点。他7岁时便能背诵《燕歌行》，还能向祖父李昪解释其含义。李昪赞叹之余，也对眼前这个早慧的孩子寄予厚望。

但正是在他七岁这一年，李家政权发生更迭。在位仅七年的李昪因病驾崩。父亲李璟继位，李煜一跃成为身份愈加尊贵的皇子。

可惜，这并不是一条通往美好前程的光明路，而是一曲跌宕起伏的人生悲歌。时光荏苒，岁月如梭，李煜长大了，他依然醉心于诗词歌赋、绘画音律，看上去一副鲜衣少年纯净、悠闲的模样。

他的童年无疑是幸福的，但看似风平浪静的少年时期却暗涌不断。这股暗涌来自他的身份、来自他至亲的胞兄——李弘冀。比李煜年长六岁的皇长子李弘冀是个野心勃勃、行事狠辣、对帝位势在必得的人。

李煜虽排行第六，看似与皇位无缘，但他前面的兄长们，病逝的病逝，夭折的夭折，竟没有一个能活到成年。于是，他便成为实际上排行第二的皇子，继承顺序仅次于皇长子。再加上李煜出生时人人都说他有帝王之相，怎能不让视皇位为囊中之物的李弘冀心生忌惮？

在兄长的虎视眈眈之下，李煜选择明哲保身。他第一次对自己皇子的身份生出烦恼。曾几何时，他与李弘冀也是兄友弟恭、关系亲密的手足；可如今稍有不慎，就会招致侧目、刁难或猜忌。李煜不由得暗自慨叹：骨肉亲情在无上的权力面前，最终只会变成"君臣"二字。

渔父（其一）

浪花有意千重雪，桃李无言一队春。
一壶酒，一竿身，快活如侬有几人。

渔父（其二）

一棹春风一叶舟，一纶茧缕一轻钩。
花满渚，酒满瓯，万顷波中得自由。

这两首词反映的正是李煜这一时期的心境，灵感均出自卫贤所绘《春江钓叟图》，属于题画词作。两首词的意境和意象十分相近，都表达出作者回避斗争、善置其身的处世态度。

第一首词潇洒飘逸，突出了"渔父"的快活；第二首词狂放豪爽，又营造出一种淡泊宁静的氛围，突出了"渔父"的自由自在。这两首词读起来朗朗上口，富有韵律感和画面感，而它们的重要性也非同一般，是李煜词风意境上的一个转折点。他读书、学习时期的词作与此二首风格截然不同。从内容上看，以往大多描写宫廷生活的所见所闻，范围比较狭窄；从语言上看，以往多发雅致绮丽之语，着重花柳风月，有"花间派"的特点和父亲李璟的影子。但两首《渔父》词细细品来，既有陶渊明诗的平淡朴素，又有苏轼诗的豪放恣意。

这是一个与世无争、超然物外的快活渔父，只身一人，撑竿畅游于山水之间。在第一首词中，李煜用"有意"与"无言"将浪花、桃李拟人化。翻腾的浪花似乎在喜迎作者的到来，默默无语的桃树、李树只管开花结果，它的安静惹人怜爱，让人不禁驻足不前。

第二首词在场景上发生了转换，写渔父在船上，触目所及均是船上的物件——扁舟、茧缕、轻钩。而船外春光正好，花开正盛，醇酒正满，人置身天地碧波之中，既惬意又自在。这表明李煜向往这种逍遥隐世、不受干扰的精神境界。渔父在物质上是清贫的，但心灵上是自由的，他可能目不识丁，却自有超脱隐逸的风趣。

这两首词隐晦地向皇长子李弘冀透露李煜的心迹：我李煜淡泊名利，不热衷于争权夺利，更不想得到那至尊之位，一辈子活在深宫牢笼之中。如果可以，我更想做一个小人物，一个自由自在、寄情山水的隐世渔夫。

世人提到李煜，不禁想到他的词，被频繁提及的多是亡国以后所写的那几首哀婉凄绝、流传千古的名作，如《虞美人》《浪淘沙》，或者是登基后以大周后、小周后为灵感而创作的词，描绘了纵情逸乐、绮丽奢华的宫廷生活。

人的一生会经历多个阶段，每一个阶段的心境都不尽相同，李煜也是如此。后世只聚焦于他的成名作，看到的并不是一个完整的李煜。如果没有这两首《渔父》词，我们很难想象他在年少时便身处政治的暗涌之中，卿卿少年，心事谁知？他只能通过作品来诠释埋藏的心事，因此，词作写的虽是渔父，实则李煜自身的写照。

除了词以外，李煜的诗和文章也十分出类拔萃。他早期也创作了一些表达避祸隐世思想的诗作。

秋莺

> 残莺何事不知秋，横过幽林尚独游。
> 老舌百般倾耳听，深黄一点入烟流。
> 栖迟背世同悲鲁，浏亮如笙碎在缑。
> 莫更留连好归去，露华凄冷蓼花愁。

这首诗跟上文的两首词略有不同，虽然表达的仍是趋俗避世之意，但少了天高疏阔的洒脱，更多的是彷徨无助的愁思。从题材上看，这是一首咏物诗，李煜以"残莺"自比，托物言志；从内容上看，这首诗的创作背景应是李弘冀毒害其叔父李景遂后，李煜为明哲保身、逃避政治迫害所作。

整首诗描写的是一只离群的孤莺，本该往南方迁徙过冬，却不知因何仍独自在深秋的老林中徘徊。诗人心生感慨，想劝它早日离去。开头一个"残"字营造出孤独、哀伤的氛围，"何事"二字带有责怪的口吻，诘问"残莺"为何不识时辰季节，在不该停留之地流连。后四句借劝慰残莺抒发自己的情感。"同悲""碎"等词直截了当地表达出诗人当下的情绪不佳，"归去""凄冷""愁"使整首诗萦绕着凄迷、悲戚的气氛。

纵观古代与莺有关的诗词，描写的大多是春天的早莺，以莺歌颂生机勃勃、万物复苏的春天，给人美好而充满活力的感觉。如"草长莺飞二月天""几处早莺争暖树"① 等。李煜用"秋莺"为题，直点主旨。如果把他看作残莺，那他为残莺所忧虑的思想感情就不难理解：既然已是深秋，残莺为何不走？如果还继续停留，很有可能在寒冷的冬季死去。这里的寒冬相当于残酷的政治环境，李煜因为皇子的身份深陷其中难以抽身，表面上担心残莺，实则是在忧心自己的处境，生怕引来杀身之祸，因而诗中尽显感伤、惧怕之情。

李煜的忧虑并非庸人自扰，叔父李景遂的遭遇就是最直观的例子。李弘冀虽然是嫡长子，但为人处世一直不得君心，元宗李璟向来属意让弟弟李景遂继承大统，早早便立他为皇太弟。李景遂深知李弘冀心狠手辣，断然不会轻易放手。于是，他多次上奏，请求退去皇太弟之位。李璟见弟弟如此坚持，遂准奏，另立李弘冀为太子。

李弘冀已经当上太子，位居东宫，但他依然认为只要李景遂在世一日，便会对皇位构成威胁，如果父皇哪天复立了李景遂，自己的地位将再次被取代，他无法容忍这种未知数存在。于是，李弘冀迫不及待地动手了。他先是寻找与叔父结下仇怨之人，不久便探查出都押衙袁从范的儿子被李景遂所杀。李弘冀买通袁从范，于南唐交泰元年（公元 958 年）八月初二，用毒酒杀害了李景遂。李璟下令彻查，发现凶手竟是李弘冀，在痛心之余，以残害血亲之罪下令

---

① "草长莺飞二月天"一句选自清代诗人高鼎的《村居》；"几处早莺争暖树"一句选自唐代诗人白居易的《钱塘湖春行》。

废除其太子之位，并追谥李景遂为文成太弟。

李煜如此接近血雨腥风的权力顶端，怎能不心惊。一边是一母所生的胞兄，一边是敬爱的亲叔叔，鸩杀瞬间，竟毫不手软。原本纯洁无忧的少年在目睹骨肉相残的画面后，又怎会平静如初？在温润的外表下，他的心中必定掀起惊涛骇浪，甚至会想：下一个，会不会轮到自己？

这首《秋莺》就是在这种担惊受怕的心境下所作，处于政治权力的旋涡中，李煜深知自己无法置身事外，风平浪静、闲暇无忧的日子将一去不返，笔下含情的隐世之语既是他的自白，也是一种无可奈何的企盼。

愿得一心人

叔父李景遂被害后，李煜无论说话还是做事都比以往更加小心翼翼。李弘冀暗地里处处刁难，但李煜沉默慎言、低调恭谨，每日或埋头于书海中，或寄情山水，一副远离朝堂的闲散王爷模样。可那时，他已有官衔在身，李璟最初封他为安定郡公，后累迁诸卫大将军、副元帅，直到册封为郑王。

后周显德六年（公元 959 年）九月，在叔父李景遂被害三个月后，李弘冀突发疾病而亡。据野史记载，李弘冀夜夜被李景遂的冤魂入梦索命，因此受惊过度而死。野史不足为证，李弘冀真正的死因我们不得而知，但他一死，年仅二十三岁的李煜就被推到历史的洪流面前，在史书上留下浓墨重彩的一笔。

在李煜一心避祸的这些年，他不仅长大成人，而且与生命中最重要的女子喜结连理，相爱相守，祸福共当。他们在一个觥筹交错、载歌载舞的宫廷宴会上相遇，当时李煜十八岁。那日是李璟的寿辰，一国之君的寿宴隆重而盛大。他端坐在金漆雕龙的宝座上，手持金足酒樽轻轻摇晃，樽内的琥珀美酒散发出阵阵醇厚的香气，一双微醺的眼睛不禁环视着殿内，只见室内金碧辉煌、灯火通明；底下宗室子弟、满朝文武一片恭贺之声；殿中央，宫娥们正随着鼓乐飘然起舞，腰肢袅娜，步态轻柔。李璟心内喜悦，他爱这歌舞升平，每逢酒香四溢、座无虚席的宴会总是兴致高昂。

酒过三巡，舞池中央更换了一批舞伶。片刻后，只见十几名身穿浅绿舞衣的宫娥簇拥着一位肌肤胜雪、眉目如画的佳人上前。她手抱琵琶，在众人探寻的目光中，凝聚心神，伸出玉臂，开始拨弄琵琶。琵琶声时而如玉珠走盘，时而如风雷之音，高潮迭起。在她的纤纤玉手下，一曲动听悦耳的琵琶演奏惊艳了在场的人，自然也包括李煜。这位佳人是南唐司徒周宗的长女——周娥皇。

李璟听罢，直叹此等乐曲只应天上有，龙颜大悦之下将宫中所藏的稀世珍宝烧槽琵琶赠予周娥皇。这个才情卓越的女子给李煜留下了深刻的印象。没过多久，赐婚的消息传到李煜的府邸，赐婚对象正是年长他一岁的周娥皇。宴会过后，李煜心里时常会掠过那一道情影，如今得知父皇赐婚，他欣喜异常。虽说只有一面之缘，但周娥皇的才貌双全早已美名在外，听闻她不仅知书达理、舞艺精湛，而且琴棋书画样样精通，所以李煜认为自己找到了知己，满心欢喜地等待着迎娶周娥皇。

南唐保大十二年（公元954年）春，李煜与周娥皇大婚。金陵城到处是生机盎然、莺歌燕舞的景象。街上人声鼎沸，百姓们争相围观迎亲的队伍，连房顶和楼阁上都挤满了人，好不热闹。在欢天喜地的锣鼓声中，李煜身着华丽的婚服，骑着高头大马将周娥皇迎回自己的府邸。

此前，李煜曾沉心细想，父皇为何会将周娥皇赐婚给自己，他知道其中定有政治缘由。周父乃烈祖李昇的侍从，深得圣心。作为南唐的元老大臣，他在朝堂上颇有威望，父皇此次赐婚一是安定朝局，二是抚恤老臣。但即使知道真相又如何，在那个年代，就算是平民百姓，婚事尚且要听从父母之命，更何况他是一朝皇子，他的婚姻关系着皇上对政局的考量。这次能顺势得到一个自己满意的伴侣，李煜已经十分知足。

大婚当晚，一对璧人深情相对，李煜的才情风姿让周娥皇心生爱慕，周娥皇的端庄娴静让李煜越发倾心。二人互诉衷肠，情动之处，李煜便提起在李璟寿诞那天的一面之缘，周娥皇听了莞尔一笑，脸上的胭脂衬着肤色更显得白里透红，颇有倾城之姿，李煜不禁看呆了。

一切正如李煜所想，周娥皇温柔体贴、善解人意，婚后的生活既甜蜜又惬意。二人不仅在生活中互相敬爱，在精神上也高度契合。李煜早知妻子诗、书、画、乐俱佳，他们每日沉醉于诗情画意的生活中，时而作画，时而下棋，时而探讨音律。他们一个善作词，一个善编曲，往往李煜刚填完一首新词，周娥皇思虑片刻便能配合乐器轻轻哼唱出基调。可以说，周娥皇的到来化解了李煜心中因政治斗争而产生的团团阴霾，她的一颦一笑、一举一动激发了李煜源源不绝的创作灵感。

一斛珠

晓妆初过，沉檀轻注些儿个。向人微露丁香颗。一曲清歌，暂引樱桃破。

罗袖裛残殷色可，杯深旋被香醪涴。绣床斜凭娇无那。烂嚼红茸，笑向檀郎唾。

这首词通过男女闺房趣事，描写了女子的口。历代文人有的称赞这首词"精细""风流""酷肖小儿女情态",也有的评价其"绮靡之音""风流秀曼,失人君之度"。

词中的女子是以周娥皇为原型创作的,对女子神态的描绘尤为生动形象。这说明李煜在和周娥皇的日常相处中,对她的一颦一笑观察得非常细致。他注意到周娥皇轻启朱唇哼歌时,丁香小舌会微露。李煜抓住这个动人的瞬间,刻画出一个俏丽活泼的女子形象。不仅如此,他还描写了妻子的妆容。在古代,宫廷女子一天需要上两次妆,分别是早妆和晚妆,因为那时宫中时常举办宴会,宫娥需要跳舞助兴,贵妇人则要参加宴会,均须精心打扮。"晓妆"是指早上的妆容,一般不浓妆艳抹,所以周娥皇早上只化淡妆。"沉檀"是化妆时用的香膏,用在唇上或脸部,"轻注"指稍微涂抹了一些。"颗"是指牙齿,"樱桃"指嘴巴,李煜被妻子的樱桃小嘴和香舌皓齿吸引,从而着重对唇部的特写。

根据下片的词内容我们不妨进行想象:一曲歌罢,女子随手端起一杯酒,轻呷了一口。当她贪饮了几杯后,袖口微微洒了些许酒迹。红艳欲滴的美人将口浸在酒杯里,血色醇酒污了美人的唇与袖。随后,斜依在绣架旁,神态已微醺,情郎不禁定睛而视。女子见状,将绣架上放着的红丝线俏皮地放进嘴中轻嚼,吐向靠近的情郎。这是一个稍显轻浮的男女调情场景,但人物描写传神至极,使人感到情趣盎然。李煜高超的艺术手法和技巧弥补了词句格调不高的局限,但仍带有李煜早期创作的"花间派"之气。

除此之外,李煜还有一首赞美周娥皇容貌的词作。如果说《一斛珠》是以朱唇香舌为引子,描写了天真烂漫的女儿情态,那么《长相思》则是以女子的鬓发为题,带出了相思之意。

长相思①

云一缑，玉一梭，淡淡衫儿薄薄罗，轻颦双黛螺。

秋风多，雨相和，帘外芭蕉三两窠，夜长人奈何！

李煜的敏锐观察力再次将我们折服。他以周娥皇为灵感而创作的词常以她某处容貌为切入点，配以绝妙的叙述技巧，赋予作品一种不事雕琢、真挚灵动的情感。

在夫妻相处的岁月里，他们执手漫步、耳鬓厮磨的瞬间数不胜数。或许，在周娥皇不经意间的一次低眉浅笑中，李煜发现了她的鬓发竟出奇地乌黑秀丽，于是就写下这首动人的词篇。

整首词描写了一个秋雨淅沥的夜晚，女主人公因秋景触发了相思之情。这是一首闺怨词。上片写人，下片写景，移情入景，首尾呼应，是难得的佳作。词的开头选取了特别的视角：如云般多而美的秀发盘结着，插有一支晶莹剔透的玉簪；身穿质地轻透、颜色淡雅的罗衣；佳人黛眉轻皱，似有淡淡的幽怨。

上片短短数句，却形神兼备，仿佛是一幅落墨素淡、优雅恬静的仕女图。其中，"云"对"玉"、"一缑"对"一梭"实在精妙，既押韵又显示出女主人公素雅至极的清丽。而"淡淡""薄薄""轻颦"虽然是形容人物的装束和妆容，但延伸开来，仿佛女主人公的愁绪也是淡淡的，并不怀有强烈的幽怨。

下片是一幅秋雨芭蕉图，让人不得不赞叹李煜词丰富立体的画面感。秋风夹杂着秋雨吹落在院外的芭蕉叶上，仿佛一首两相应和的秋雨怨歌。女子既生了相思，又被窗外的风雨搅得无法安眠，愁

---

① 据《全唐诗》注，"长相思"又名"双红豆""山渐青""忆多娇"。

绪乍起，这凄冷、漫长的秋夜真使人无可奈何。情绪和环境的共鸣使这首词感染力十足，我们仿佛听到女主人公心底的一声叹息。李煜与周娥皇有相守的甜蜜，自然也有小别的心酸，或妻子回家省亲，或李煜因公务出门。这首《长相思》的原型既可以是李煜，也可以是周娥皇。那段时间，李煜颇受李弘冀猜忌，心中的苦闷唯有对妻子可诉，周娥皇深明大义，二人心心相印，互相扶持，佳作频出。

晚清著名词家陈廷焯曾点评这首词"字字绮丽""情词凄婉"。

舞文弄墨

惶恐避祸的日子随着李弘冀的病逝而结束，李煜成了众望所归的皇位继承人。从未奢想皇位的他如今被推到台前，短寿的李弘冀或许未曾想到，他费尽一切心力的结果却是帮弟弟扫清了继位的障碍。

李璟的动作很迅速。他虽无治国才能，但却明白制衡之术——东宫稳，则朝纲稳。李煜是目前年纪最长的皇子，又是皇后所生的嫡子，理应入主东宫。再加上他小时候骈齿重瞳，被视作有帝王之相，李璟更觉得是天命所至。但正准备册立之时，翰林学士钟谟却上奏，指李煜醉心经籍，为人怯懦，不宜继承大统，而纪国公李从善德行兼备，宜立为太子。李从善是李煜的弟弟，李璟的第七子。

李璟闻言大怒，本就因夺嫡失弟之事痛心不已，如今东宫尚未册立，钟谟却早已成为皇七子的党羽，为其摇旗呐喊，如若纵容，只会大乱朝局，使后周再生出觊觎之心。当时，南唐刚结束与后周的战事，李璟已从皇帝降为国主，国内暂时苟安，因此他绝不允许再有内讧发生。

为了保证李煜日后能顺利继位和执政，李璟将钟谟贬黜，流放饶州，另册封李煜为吴王、尚书令、参知政事，并迁入东宫。李璟没有立即册立李煜为太子，是不愿意使他成为众矢之的，其中也有考察之意；而命其入主东宫，既显示了他继承人的地位，又警示了别有用心之人。

"此生谁料，心在天山，身老沧州。"[1] 这是南宋著名爱国诗人陆游的名句，表达了他一心报国、壮志难酬的悲愤。把这句词用在李煜身上，也未尝不可。上一刻，他还是如履薄冰的弱势王爷，下一刻就变成一人之下、万人之上的东宫太子。他大可一叹：此生谁料，心在天涯，身老宫中。此前皇叔与兄长的那场鸩杀风波仍历历在目。如今亡魂尚未安息，李煜不知道等待自己的将会是什么，但他明白，此生再也没有"万顷波中得自由"的机会了，自己将与南唐共存亡。

唯一值得庆幸的是，此时李璟健在，在他的庇佑之下，南唐尚有喘息之机。李煜虽战战兢兢，但有了继承人的身份，没了李弘冀的刁难，已经不再像以前那般时刻担忧自己的处境和性命了。

没有了随意出游的自由，但李煜对文学艺术的兴趣有增无减。在深宫的"牢笼"中，他越发沉醉于诗词书画，日日与书香、墨香为伴。李煜不仅亲自书写，还想方设法搜集珍贵的名家真迹，皇家的身份为他的收藏提供了很大的便利。他眼光独到，拥有高超的艺术审美，收藏的书画都是稀世珍宝。因此，他也是历史上著名的收藏家。

李煜曾得到南朝才子皇帝萧绎亲自撰写的一本重要子书——

---

① 出自陆游《诉衷情·当年万里觅封侯》。

《金楼子》。此书采用札记、随感的方式，或引用名言成句，或搜集材料，记录了对历史人物、史实、各地风俗的感想和评价，是不可多得的研究材料。李煜对书中所说的两次焚书事件大有感慨，于是在书后题写了一首诗。

题金楼子后并序

梁元帝谓：王仲宣昔在荆州，著书数十篇。荆州坏，尽焚其书。今在者一篇，知名之士咸重之。见虎一毛，不知其斑。后西魏破江陵，帝亦尽焚其书，曰：文武之道，尽今夜矣。何荆州坏焚书二语，先后一辙也。诗以慨之。

> 牙签万轴裹红绡，王粲书同付火烧。
> 不于祖龙留面目，遗篇那得到今朝。

萧绎在亡国之际，为了不让他人染指自己的藏品，竟不惜将其全部焚毁，大量珍贵的墨宝书画就这样化为灰烬，让同样是"收藏痴"的李煜惋惜不已。如若那些稀世字画能流传至今，他还能有幸鉴赏一番。于是，他在诗中发出感叹：在历史长河中，无数珍贵的古籍被统治者或被战火摧毁，比如秦始皇焚书坑儒，如果不是仍有人奋力保存某些古籍，后人就再也没机会读到这些文章了。

南唐定都金陵后，李昪、李璟和李煜祖孙三人都喜好藏书，他们对淮河地区的文献建设做出巨大的贡献。虽说奉行偏安一隅的国策，但他们为各类文献遗产的保护创造了良好条件。在南唐朝廷的倡导下，以都城金陵为中心，逐渐散播到周边地区，形成了"俊杰通儒，不远千里而家至户到，咸慕置书；经籍道开，文武并驾"① 的藏书风尚。

五代十国在中国文化史上是一个特殊且重要的阶段，它继承发展了晚唐的印刷技术，为北宋的刊印兴盛奠定了基础。这一时期，由于南唐统治者爱好藏书并重视人才的选拔，因此书籍的印刷对收藏及科举都起到一定的推动作用。晚唐书籍的母本多有刊刻，印刷、校勘的人才及制度亦有保留，可以说北宋的书籍刊印源头也许来自南唐的书籍收藏及印刷。

李煜成为南唐君主后，加大力度搜集古籍字画。他尤其钟情收藏珍品书画，其中以王羲之、钟繇等大家之作居多，南唐御藏的墨宝多钤有李煜的"建业文房"之印。此外，他还将五代以前的书画真迹编成《阁中集》一书。据《阁中集》第九十一卷《画目》记载，内收上品九十五种、中品三十三种、下品一百三十九种，其中包括《奚人习马图》《江乡春夏景山水》《卢思道朔方行》《山行摘瓜图》《杨妃使雪衣女乱双陆图》《明皇游猎图》《月令风俗图》《猫》《蕃王放簇帐》等珍稀名画。

《阁中集》目前仅存第九十一卷，已知卷数是九十一卷，但实际总卷数已无法查证。宋人邵博曾得到此书，据他记载，除已知的九十一卷外，其余各卷的上中下品名目皆不可知。但仅从这残存的一卷中，便可窥探当年李煜所收藏的文献古籍数量之巨、藏品之优。

除此以外，南唐在古籍文献的管理和保护方面具有相当高的水平。与其他只重视收藏的统治者不同，李煜对于藏品的校勘、辑佚、整理及保管都有其独特的一套方法。鉴于许多古代真迹逐渐残旧或者凋零于战火中，他特地命时任翰林学士的徐铉将宫中所藏的历代

---

① 详见五代刘崇远撰《金华子杂编》。

名家墨宝逐一编次排序，然后依样描字刻石，再进行精心细致的拓印，最后汇总将拓本命名为《升元帖》（又名《建业帖》）。此帖在书法史上具有重要地位。

书画家历来都非常重视印章。除了以示郑重、防止伪造外，发展到后来，一些富有寓意和雅趣的印章还承载着作者或藏者的志趣抱负，而且书印结合，相映成趣，也为作品赋予更高的艺术价值。书画印章主要分为三类：一是作者本人的印章，二是题跋人的印章，三是收藏、鉴赏人的印章。

李煜对印章十分痴迷，凡是他收藏的作品，都会撰写题或跋。有时题写作者的姓名，有时题诗歌、杂言、作序，有时押字，然后用上好的印泥加盖自己的印章。他所用过的印章有"建业文房之宝""内合同印""内司文印""内殿图书""集贤殿书院印""集贤院御书印"等，如今这些印章大多已经遗失。盖好印章后，便是装裱。李煜对这些古籍书画极其爱惜，所用的装裱材料都经过精心挑选，比如云鹤、练鹊、墨锦以及特制的大回鸾、小回鸾等昂贵精美的丝织品，还有用绦带织成的提头，用黄经纸制作的签贴。不仅如此，为了表示郑重，作品的背后还要注明监督装裱人员的姓名和品第。李煜把最重要的保存和管理工作，交给嫔妃中精于此道的保仪黄氏。据史书记载，黄氏"书学技能，皆出于天性"，是个才情兼具、天赋异禀的女子。宋代著名的书画鉴赏家和画史评论家郭若虚曾在《图画见闻志》中写道："李后主才高识博，雅尚图书，蓄聚既丰，尤精赏鉴。今内府所有图轴暨人家所得书画，多有印篆。"

尽管李煜在看到梁元帝的《金楼子》后作诗慨叹，但后来亡国时，却选择了与萧绎同样的做法。北宋军队攻入金陵城后，他命黄保仪将御藏的古籍书画一概焚毁，虽然最后还残存六万余卷，但造成的损失之大不可估量，令人惋惜。

除了收藏字画，李煜对写作器具也十分重视。有"文房四宝"之称的笔、墨、纸、砚历来受到文人雅士的珍爱及青睐。但在南唐时，文房四宝特指诸葛氏的笔、李廷珪的墨、澄心堂的纸、龙尾山的砚，这"四宝"均产自安徽，因此安徽有"中国文房四宝之乡"的美誉。李煜如此喜爱书画，又身处统治阶层，对书写器具的要求非常高，并且痴迷于文房四宝的收藏。

笔为四宝之首，自唐代以来，宣州泾县发展为制笔中心，因此得名"宣笔"，其中最有名、影响最大的是诸葛家族制作的诸葛氏宣笔。有人曾高度赞扬其制作的宣笔具备尖、齐、圆、健四个优点：尖是指笔锋尖锐，齐是指提笔不散，圆是指笔身圆润，健是指经久耐用。诸葛氏宣笔因而有"天下名笔之冠""中华第一名笔"之称。清代戏曲家周昂曾在《十国春秋拾遗》中记载，周娥皇对诸葛笔十分喜爱，将所用之笔命为"点青螺"。宋代学者郑文宝在《江表志》中也有记述，李煜的弟弟李从谦也爱用诸葛笔，他所用的诸葛笔每支高达十金，其价格令人瞠目结舌，于是有人戏称诸葛笔为"宝帚"。

当时的南唐流传着"黄金易得，李墨难求"的说法，而"李墨"正是李廷珪的墨。李廷珪本姓奚，父亲奚超原是河北有名的制墨大家，因战乱遂举家迁至安徽歙州。古代的墨分为松烟墨和油烟墨。南唐时期的墨主要是松烟墨，顾名思义，即取松树烧烟而制。奚超发现歙州上好的古松树连绵成片，且当地水质优越，于是决定与儿子奚廷珪一同就地取材。他们在制墨的过程中添加十多种名贵的中药原料，制出来的墨不仅质地细腻、香味淡雅，而且防腐、防蛀，有"天下第一品"的盛誉。因其品质绝佳，甚至有人形容其"落纸如漆，万载存真"。此外，奚廷珪父子还另辟蹊径，利用模具将墨制成各种造型美观、带有祥瑞图案的精致墨锭，受到当时文人的极力追捧，不少人还将其列入寿诞嫁娶的礼品清单。有人将此墨呈给李煜，李煜仔细端详后发现该墨丰肌腻理、光泽如漆，对其赞不绝口。后来封奚廷珪为墨务官，赐国姓"李"。从此，"坚如玉，纹如犀"的李廷珪墨成了皇家的御用之物，周娥皇甚至还用此墨描眉，上到贵妇人下至寻常百姓纷纷效仿，使李廷珪墨家喻户晓。

有好墨还须好纸衬托，当时最有名气的就是宣纸。宣纸起源于唐代，原产地是安徽省泾县，属于宣州管辖，所以称为"宣纸"。宣纸之所以有名是因为它有许多优点，如经久不脆、纸质细腻洁白、不易褪色、润墨性好、易于保存等，故有"纸寿千年"的说法。

宣纸纸质柔韧、光润吸墨，受到李煜的特别喜爱。为了掌握宣纸的制造技术，在原有的基础上研制出品质更好的纸，李煜不惜花费重金聘请了一批有名的造纸匠人，将他们集中在金陵新开设的纸坊研究改进，甚至将自己的"澄心堂殿"书房也用于造纸。每造出一批纸，他必会亲自试写，经过反复调整，终于做出一批肤卵如膜、坚洁如玉、细薄光润的好纸，李煜大为满意，赞其为"纸中之王"，并命名为"澄心堂纸"，收归澄心堂中，只作御用。澄心堂纸在北宋时期，更是得到欧阳修、梅尧臣等大文豪的一致推崇，但传世量极为稀少。

龙尾砚，中国四大名砚之一，产地龙尾山位于安徽古歙州的交界处，属歙州管辖，因此又称歙砚。制作歙砚的主要材料是歙石，而龙尾山下的溪涧有最优质的歙石，这种石质的矿物粒度细腻，分布着均匀的微粒石英，制造出来的砚台肌理细腻、容易发墨，磨出的墨汁细润无渣。南唐时期，著名的砚匠汪少微因凿砚技艺十分高超被敕封为砚务官，更被李璟赐国姓"李"，专门负责制作官砚，供皇帝赏玩。据闻，李煜珍藏有两座价值连城的砚山石，分别为"海岳庵"和"宝晋斋"，皆出自李少微之手。宋代学者蔡绦曾在著作

《铁围山丛谈》中记载:"江南李氏后主宝一石砚山,径长逾尺,前耸三十六峰,皆大如手指,左右引两阜坡坨,而中凿为研。"

实际上,早在李璟执政时,南唐便在扬州、歙州、饶州(今江西省鄱阳县)三地设置专门督办墨务、砚务和纸务的专属机构。到李煜执政时,在此基础上加大了对文书工具制作的推广力度,使得制笔业、制墨业、造纸业和制砚业逐渐发展和兴盛,受到当时文人的极力追捧。可以说,李煜在这方面的贡献超过了任何一代帝王。

书法造诣

李煜在度过初为太子的迷茫时期后，心态渐趋平和，开始习惯这个新的身份。但他对政事依然不感兴趣，把更多的时间和精力投入自己热爱的事物上，比如收藏、文学、书法等。他对文房用品高品质的追求也源于对书法的喜爱。

李煜在书法领域有极高的成就，其中既有家学渊源又有他自身天赋的原因。父亲李璟的词颇佳，书法也很出色。他擅长草、楷、隶、篆四种书体，隶书写得最好。在耳濡目染之下，李煜自幼便广泛接触历代名家的真迹、碑帖等；李璟也为他寻得当朝名师指导，李煜初学书法时临摹的是唐代著名书法家欧阳询和柳公权，二人皆位列楷书四大家。经过一段时间，他临摹的对象变成颜真卿、陆彦远等人，通过仔细揣摩和勤奋练习，他再次正本溯源，学习王羲之、钟繇、卫夫人等大家的书法作品，尤其推崇卫夫人的作品。

卫夫人除了在书法艺术方面有很高的成就外，对书法理论也有高明的见解。她主张学习书法要"上溯其源，师法古人，反对谙于道理，学不该赡，以致徒费精神，学无成功"。她还提出"工欲善其事，必先利其器"，强调在练习和创作时须注意笔、墨、纸、砚的选用。李煜被卫夫人如此高深精妙的书家修养所折服，将她的画像挂于房中，以示敬仰。

博采众家之所长的李煜没有局限于前人，而是触类旁通、学以致用，创造出一种独有的笔体——金错刀。金错刀是李煜在习得拨镫执笔法的真谛后，在原基础上推陈出新而得的。这种字体的特征为小字如聚针钉，大字如截竹木。北宋官方绘画作品著录《宣和画谱》在提及李煜的书画成就时如此评价："李氏能文善书画，书作颤笔樛曲之状，遒劲如寒松霜竹，谓之金错刀。"

东汉蔡邕在《九势八字诀》中曾说："势来不可止，势去不可遏。"李煜对这番话深有体会，时常练字练得特别投入，如手中的毛笔无法驾驭大笔挥洒的气势时，便丢开笔，直接将长衫下摆的衣襟卷起蘸墨，在铺开的大纸上继续书写，这样写出来的字个个雄浑豪放、灵动潇洒，颇有狂草的味道。这种自然天成、神气畅爽的书法作品被人们称为"撮襟书"。

李煜的书法真迹令当时不少书法名家、文人雅士追捧。南唐灭亡一百多年后，宋朝的才子皇帝宋徽宗赵佶也对李煜的作品爱不释手。在其下令编撰的《宣和书谱》中共收录李煜二十四种行书墨帖，包括《八师经》《春草赋》《淮南子》《浩歌行》《论道帖》《礼三宝众圣贤仪》《临江山》《乐章罗帖》《李璟草堂等诗》《义天秤尺记》《克己处分》《招贤诗帖》《宫相诗》等。

令人惋惜的是，由于改朝换代、政权频繁更迭，李煜的书法真迹大多散失殆尽，属实遗憾。而他存世至今的几幅作品也颇有争议，对于其是否为李煜真迹尚未定论。但庆幸的是，仍有两本书法理论著作流传下来，让后世人有幸拜读。这两本著作分别是《书述》和

《书评》。它们让后人了解到，李煜不仅是书法大家，而且对于书法理论也有独到而深刻的理解。

《书述》是一部书法执笔论著，全书共一卷，是李煜练字的心得体会，对执笔技巧和方法所做的总结。他在书中陈述了理论和实践方面的观点，譬如《书述》一开头，他提出了"字如其人"的看法。

壮岁书亦壮，犹嫖姚十八从军，初拥千骑，凭陵沙漠，而目无就敌。又如夏云奇峰，畏日烈景，纵横炎炎，不可向迩，其任势也如此。老来书亦老，如诸葛亮董戎，韦睿接敌，举板舆自随，以白羽麾军，不见其风骨而毫素相适，笔无全锋。噫！壮老不同，功用则异。惟所能者，可与言之。

这段话的大意是：人在壮年时，写的字会有一股刚劲的气魄，如壮士拔剑，力透纸背；人在暮年时，饱经世事、历尽沧桑，写的字虽然锋芒全敛，但另有一股淡定自如的从容。李煜认为，纵然是同一个人，随着年龄的增长和心态的变化，书法风格也会发生变化，但两者之间没有高低好坏之分，只是表现手法不同而已。为了进一步论述，他对拨镫执笔法的来源和类别进行了介绍。

书有七字法，谓之"拨镫"。自卫夫人并钟、王，传授于欧、颜、褚、陆等，流传于此日，然世人罕知其道者。孤以幸会。得受诲于先生。奇哉，是书也！非天赋其性，口授要诀，然后研功覃思，则不穷其奥妙，安得不秘而宝之。所谓法者，撅、压、钩、揭、抵、拒、导、送是也。

开头的七字法，应为八字，虽有自相矛盾之处，但这段文字依然透露出李煜对执笔和运笔的重视。他认为，初学者执笔的手法要正确，从最基本的笔画开始打好基础，只有掌握好八字法，才能进一步练习深层次的书法。为此，李煜又对执笔技巧进行了详细说明。

撇者，撇大指骨上节，下端用力欲直，如提千钧。

压者，捺食指，著中指旁。

钩者，钩中指著指尖钩笔，令向下。

揭者，揭名指著爪肉之间揭笔，令向上。

抵者，名指揭笔，中指抵住。

拒者，中指钩笔，名指拒定。

导者，小指引名指过右。

送者，小指送名指过左。

关于拨镫法，李煜有一番慨叹，此种执笔技巧以往均为口耳相传，并没有书面记载，以至于得到口诀的人奉为至宝，不肯轻易相授。他认为，长久下去只会让这种优秀的手法失传。于是，他以一种分享、交流的开放态度将其尽数写在《书述》中。这种鼓励传播、推广的宽大胸怀与如今倡导的文化可持续发展理论不谋而合。海纳百川，有容乃大，远在一千多年前的李煜用自己的方式留下了对书法艺术极为重要的研究材料，也用自己的力量对中国书法发展留下了积极而深远的影响。

他的另一部著作《书评》写于后周显德三年（公元956年）。这一年，后周第一次南征，南唐边界烽烟初起。李煜当时还是个闲散王爷，刚与周娥皇完婚，深居内城，并没有受到战事影响，因而《书评》中不见一丝惆怅之色。文章篇幅简短，以王羲之为最高标准，评论了历代书法名家与王羲之作品风格的联系。

善法书者，各得右军之一体。若虞世南得其美韵而失其俊迈，欧阳询得其力而失其温秀，褚遂良得其意而失其变化，薛稷得其清而失于拘窘，颜真卿得其筋而失于粗鲁，柳公权得其骨而失于生犷，徐浩得其而失于俗，李邕得其气而失于体格，张旭得其法而失于狂，献之俱得之而失于惊急，无蕴藉态度。

虽然文中没有直言，但显而易见，李煜认为王羲之的作品水平超绝群伦，其他书法大家只得其精髓。这篇《书评》是李煜对书法艺术审美的全面阐述，也表达了他的独特见解，对于探讨李煜个人的思想精神活动具有很高的参考价值。

众所周知，有一个关于书法的成语叫"颜筋柳骨"，形容书法写得极好，起初出现在北宋范仲淹的《祭石学士文》当中："曼卿之笔，颜精柳骨。"但仔细阅读《书评》可以发现，"颜筋柳骨"最早出自李煜对颜真卿、柳公权二人的评论。他认为，与王羲之相比，颜真卿得其"筋"、柳公权得其"骨"。这也可以表明，李煜的评论和见解颇有深度，为后人所认同。可惜的是，他酷爱抄录佛经，条幅、匾额写得不多，再加上小楷的书法作品本就传世不广，因此，尽管他的书法成就很高，名声却不如其他书法大家。

中国自古便有"书画同源"的说法，书法精湛的名家往往也是绘画高手，李煜亦如此。据北宋《宣和画谱》记载，当时的北宋宫廷共藏有李煜的九幅画作，分别为《竹禽图》《柘竹双禽图》《秋枝披霜图》《色竹图》《写生鹌鹑图》《云龙风虎图》《棘雀图》《柘枝寒禽图》和《自在观音像》。

李煜未入朝堂时，常四处游历，因此，他的绘画中大自然的山林飞鸟居多。据闻，李煜尤其擅长画竹。他绘竹时特别注重细节，从根部到竹梢处渐变为极小，人称"江南铁钩锁"。他独创的金错刀笔法非常适合画竹，用此笔法画出的竹挺拔强劲，颇有风骨。但令人遗憾的是，这些珍贵的画作真迹都已随着战火而消亡。

在这稍显平静的两年里，李煜将大部分的精力和时间都投入到文学艺术领域。但身在皇家，他不可能完全沉浸在艺术的世界里。被迫经历了后周征伐、割地称臣、宗室残杀、骨肉分离和大举迁都之后，唐元宗李璟早已无力回天。郁郁不可终日的李璟最终于北宋建隆二年（公元961年）染疾身亡。而此时，南唐已变成千疮百孔、羸弱不已的"空皮囊"。南唐，不可避免地迎来了它最后的主人……

第四章

肩负重任，艰难前行

　　李煜登基时，正值南唐内忧外患之际。暗流涌动的中原局势和积贫积弱的国内现状使李煜的执政之路注定崎岖坎坷。他像一只无法停歇的钟摆，在天命之子的尊贵身份与多情浪漫的才子灵魂之间摇荡。此心所属何处？怎奈不由他……

天降大任

北宋建隆二年（公元 961 年）七月，李璟去世一个月后，李煜顺利即位。此时，北宋已建国两年，赵匡胤称帝初期，为了树立一个宽慈仁厚的形象，他不仅对后周的宗室遗老以礼相待，而且对南唐也十分客气，连李煜请求以帝王仪制下葬其父亲的要求也欣然答应，甚至遣使慰问。

表面的平和的确是假象，但它给了南唐一个安慰：新主初立，乃国之大喜，对南唐而言是一个新的开始，登基典礼值得大办一番。不少朝臣见北宋厚待，又远在中原，以为赵匡胤无心侵吞南唐，于是，在礼部大臣的主持下，按照南唐旧制举行大典。但此举却给李煜带来麻烦，因为登基典礼的章程超越了国主规格，已是皇帝的仪制。

典礼当天，朱红色的旗杆在五凤楼前高高竖立，高约七丈，旗杆顶端立着一只昂首向天的木制鸡形雕塑，鸡头用黄金装饰，下有一彩盘承接，金鸡口衔七尺红色长布，下用朱绳固定。象征皇权的旗幡迎风飘扬，李煜端坐在宝座上，接受文武百官的朝拜。接着近侍宣告诏命，尊生母钟氏为圣尊后，册立周娥皇为国后，封立诸弟为王，任命各部重臣，最后颁布大赦诏书。

中国素有"礼仪之邦"的美誉，五千年的文明源远流长，早在上古时代就形成了各种礼仪规范和道德准则。那时，凡遇皇帝登基、大丧、改元或出现祥瑞，都会大赦天下，以示恩泽。因此，每逢大赦也会有相应的仪式，而树金鸡是典礼中必不可少的重要环节。一般大赦的范围是全国，而李煜此次大赦只针对南唐境内，并未涉及中原地区。尽管如此，中原的赵家王朝依然将此认定为僭越。当赵匡胤得知李煜大肆铺张、以天子礼登基时，非常震怒，他认为南唐此举目无君上，根本没有称臣之心。于是，他急召南唐常驻汴京的进奏使眭昭符进宫，欲兴师问罪。

眭昭符胆识过人、足智多谋。他见赵匡胤面有怒色，虽不知具体事由，但召自己前来，所为之事必定与南唐有关。再联想南唐近日发生的大事，唯有国主的登基典礼，让赵匡胤不快的恐怕正是此事。眭昭符心中已猜到六七分，于是暗暗盘算应对之策。只见他神色如常、毕恭毕敬地跪下道："臣眭昭符参见陛下。"赵匡胤一言不发地盯着他，既没有喊平身，也没有让其抬头回话。殿内弥漫着严厉僵硬的气氛，仍低着头的眭昭符感到远处有一道寒光正审视着自己。他深知赵匡胤在人前喜怒不形于色，便更加规矩地埋头作跪拜之姿，俨然一副毫不知情的模样。

过了好一会儿，赵匡胤见他仍十分恭顺，心中的怒气渐平，沉声问道："李煜，是什么人啊？"眭昭符心中一凛，这个看似明知故问的问题实则不好回答。他脑筋不停地运转：这是一个身份问题，在南唐，李煜自然是一国之主；但在北宋的眼里，只不过是臣下。于是，眭昭符认真地回答道："是南唐国的嗣主。"赵匡胤听了挑了挑眉，不动声色地继续问道："南唐国又是什么国？"眭昭符小心地答道："乃大宋之属国。"此话一出，只见赵匡胤拍案而起，厉声呵道："既如此，为何李煜胆大包天，竟使用金鸡赦礼登基？他行此僭越之举，将我大宋国置于何地？"听得赵匡胤的质问，眭昭符暗想：果然是为了国主登基一事。僭越至高无上的皇权，这是在位者不能容忍的，万一应对不妥，赵匡胤一怒之下必定会对南唐大动干戈，自己绝不能将国主与南唐的百姓陷于危险的境地。眭昭符思索一番后，露出一副轻松的神色，对赵匡胤笑道："陛下息怒，请听微臣一言。"赵匡胤冷哼一声："说！"眭昭符道："在陛下看来，那是金鸡。但臣以为，木制的鸡哪里比得上真正的金鸡，顶多是只怪鸟罢了。金鸡立顶，象征天子发号施令、与民更始，但怪鸟立顶，不过是儿戏，是福是祸尚未可知。我南唐区区小国，怎敢使用金鸡？在臣看来，唯有大宋国才有资格使用金鸡之礼。因此，陛下大可不必放在心上。"

赵匡胤被他的"怪鸟论"逗得扬声大笑，立即转怒为喜。为了显示为君者的气度，他对南唐的越礼之举表示不再介意。因为眭昭符的能言善辩，一场危机就此化解。这番"怪鸟论"也传回了南唐，李煜不禁百味杂陈，先是后怕，宋国实力强大，稍有不慎，南唐的江山很有可能断送在自己手中；随之而来的是强烈的屈辱感，身为一国之主，连登基典礼也要受人干涉与指责，南唐还有何地位可言？

思及此，一种深深的无力感油然而生。他深知自己在政治上没有铁腕手段能使南唐抗衡宋国，治国上没有才能可以使南唐改变江河日下的面貌，但他愿意尽自己所能，寻求更多让南唐平稳的机会，哪怕是忍辱求全、卑辞厚币。于是，在眭昭符为南唐解除了大赦风波的困厄后，李煜亲自写了一份谦卑有礼、文笔极佳的表文，言辞恳切地向赵匡胤阐述自己绍袭王位的经过并表达了对宋朝的忠心，并派户部尚书冯延鲁带上丰厚的金银财帛连同表文前往汴京进奏。

即位上宋太祖表

臣本于诸子，实愧非才。自出胶庠，心疏利禄。被父兄之荫育，乐日月以优游。思追巢许之余尘，远慕夷齐之高义。既倾恳悃，上告先君，固非虚词，人多知者。徒以伯仲继没，次第推迁。先世谓臣克习义方，既长且嫡，俾司国事，遽易年华。及乎暂赴豫章，留居建业，正储副之位，分监抚之权。惧弗克堪，常深自励。不谓奄丁艰罚，遂玷缵承。因顾肯堂，不敢灭性。然念先世君临江表，垂二十年，中间务在倦勤，将思释负。臣亡兄文献太子从冀，将从内禅，已决宿心。而世宗敦劝既深，议言因息。及陛下显膺帝箓，弥笃睿情，方誓子孙，仰酬临照，则臣向于脱屣，亦匪邀名。既嗣宗祊，敢忘负荷。惟坚臣节，上奉天朝。若曰稍易初心，辄萌异志，岂独不遵于祖祢，实当受谴于神明。方主一国之生灵，遐赖九天之覆焘。况陛下怀柔义广，煦妪仁深，必假清光，更逾曩日。远凭帝力，下抚旧邦，克获宴安，得从康泰。然所虑者，吴越国邻于敝土，近似深雠，犹恐辄向封疆，或生纷扰。臣即自严部曲，终不先有侵渔，免结衅嫌，挠干旒扆。仍虑巧肆如簧之舌，仰成投杼之疑。曲构异端，潜行诡道。愿回鉴烛，显论是非。庶使远臣，得安危恳。

从表文首字"臣"便可以看出李煜努力表现出的谦恭。表文大致表述了三个重点：第一，自身才疏学浅，他当一国之主并不符合自己本来的意愿，只是不得已而绍袭，平生所愿是追随巢父、许由的脚步，做一个像伯夷、叔齐式的隐士；第二，阐述南唐对大宋绝无二心，并表示不仅自己如此，父亲临终前也再三强调，南唐务必谨守本分，奉大宋为正朔，年年进贡，岁岁朝拜；第三，希望赵匡胤不要受邻国吴越的谗言挑拨而对南唐动兵。

前两个是为了引出第三个重点而作的铺垫。李煜最担心宋朝对南唐出兵，因此他首先表达了自己的忠心并强调会约束好南唐的军队，绝不侵犯他国。吴越国与南唐素有矛盾，难免会向宋朝进谗言，引发宋朝对南唐不满。但李煜很巧妙地提及此事，他先是恭维赵匡胤的雄才伟略，认为其不会轻易被吴越国蒙蔽，后表明自己十分清楚形势利害，希望宋朝给南唐一个安稳自守的机会。

赵匡胤收阅这封表文后，对这位南唐国主神驰俊朗的文采和潇洒飘逸的笔墨赞赏有加，但对其所求之事只是淡然一笑，因为宋朝向外扩张的脚步是无人能阻挡的，李煜企望以进贡称臣和礼法道义打消他攻打南唐的念头是非常天真和不切实际的。

当然，赵匡胤自有一番打算，他不相信李煜已彻底臣服，但目前南唐如此恭顺示弱，不妨暂时延缓出兵计划。这样做是出于两方面的考虑：一是对南唐进行安抚，二是宋朝可以集中力量攻打其他暂未臣服的国家。于是，在回复李煜表文的诏书中，赵匡胤表现得相当客气，他首先请李煜管理好南唐境内的社稷民生，尽量做到兴除利弊、安土息民，如有困难之处，可进书求援，大宋会尽力相助。其次，他派吊祭使和庆贺使两个使团前往南唐，借慰问李璟逝世及祝贺李煜嗣位之机，进一步查探南唐朝廷内部的真实情况。

在赵匡胤加快扩张步伐的同时，李煜与其他臣服于宋朝的藩属国君主一样，除了日常的赭黄色龙袍外，还准备了另一套绛紫色的藩王袍服。每当有宋朝使者到访，他便穿上藩王袍服前去迎接。直到宋朝使者离开，他才重新换上日常穿的黄龙袍。在他心底，始终还有一丝执念，认为自己会有脱离藩王的一天，为君者仅剩的自尊便体现在这一袭黄袍上。

尽管李煜满腹经纶，才华学识远胜于武官出身的赵匡胤，但身处乱世，李煜必须面对胜者为王败者寇这一残酷事实。

竭力周旋

李煜在即位之初，与父亲李璟一样，也有过雄心壮志。俗话说，不在其位不谋其政，只有真正被推上一国之主的位置，他才感到肩负的责任是何其重大。在他统治下的南唐已经历过数次内耗，虽得益于江南优越的地理环境和丰富的物产资源，尚不至于完全颓败，但比起鼎盛时期已经相差甚远。

后人评价李煜多一叶障目，说他只会享乐、无治国之才，其实这是有失偏颇的。如果不是李煜苦心经营，南唐断不会从他登基到亡国苦撑十五年之久。在此期间，宋朝已然建立，成为当时的政治核心，对周边各国呈压倒之势。结束分裂、走向统一是大趋势，五代十国扰攘纷乱的历史不久后将宣告结束。赵匡胤兵不血刃地从后周的手上接过政权。此前，周世宗柴荣励精图治，后周内政清明、百姓富庶，这些都为宋朝的建立和扩张奠定了极为坚实的政治、物质基础。两者相比，李煜即位后面临的形势要严峻得多。

当时，属于地方割据政权的"十国"只剩下半数左右。在中原朝廷的强势压制下，十国逐一消亡，剩下的大多独木难支。吴、前蜀、闽、楚先后灭亡，到李煜执政时仅存南平、后蜀、南汉、北汉、吴越、南唐六个地方政权。

南平，又称荆南或北楚，建都江陵（今湖北省荆州市）。南平地狭兵弱，人口稀少，依附强国而生存，是十国中实力最弱的政权，但因地处南北的交通要冲，对各国形成微妙的牵制作用，弱化了自身的威胁，因此延绵了五代国君。由建立到灭亡，南平历代国君从未称帝，一直以藩镇自居。李煜登基时，南平第四任君主高保勖在位，彼时南平已现衰退之势，以往奉行的"事大以保其国"和交好邻道的双重主张几乎已经毫无作用。虽然一向进贡甚勤，赵匡胤暂时没有出兵的借口，但其吞并南平的决心是坚定不移且势在必行的。

后蜀，又称孟蜀，孟是国姓，鼎盛时期的疆域囊括今四川大部、甘肃东南部、陕西南部、湖北西部。李煜登基时，在位的是末代君主孟昶。孟昶颇有治国之才，好学能文，在位期间境内安稳，后蜀维持了三十多年的和平。但在位后期他变得好大喜功，在军事方面做了不少错误决策，导致后蜀渐趋贫弱。宋朝建立后，赵匡胤一直对后蜀虎视眈眈，逐步实施灭蜀计划，后蜀局势动荡不安。

南汉，如今的广东、广西两省及越南北部，政权的奠基者是唐代后期清海节度使刘隐。南汉在历史上以政策荒唐而闻名，虽五世相袭，但其统治者皆穷奢极欲、残暴不仁。李煜即位时，在位的是末代君主刘鋹，史称南汉刘后主。刘鋹昏庸无能，荒淫无度。他专门针对为官者实行的阉割政策更是闻所未闻。当时若想进朝为官，必须先自行阉割，以致朝内宦官一度多达二万有余，纲纪大坏，国家岌岌可危。

北汉，十国中最晚建立的一个政权，定都晋阳（今山西省太原市），领土包括今山西省的中部和北部。李煜即位时，北汉刚走到第十一个年头，当时在位的是第二代君主刘承钧。北汉的政权颇为特殊，它是依靠境外势力契丹族，也就是辽朝一手扶植建立的。刘承钧在位后期产生了脱离辽朝的想法，对其渐失恭顺，但这是不现实的，北汉若想在夹缝中生存，必须依附辽朝。都城晋阳地势险要，易守难攻，自古为帝王龙兴之地，多出割据政权及起义。宋朝建立以后，赵匡胤恐居于"龙脉"之地的北汉政权危及宋朝，加上愤恨辽朝觊觎中原，早早便将北汉视为攻克目标，因此，北汉当时的处境也危如累卵。

吴越，是十国中最稳定、最持久的割据政权，定都杭州。这个政权深谙审时度势之道，先后尊后梁、后唐、后晋、后汉、后周和北宋为正朔，不论中原的政权如何更迭，吴越一直以交好为主要策略。开国君主钱镠曾训诫子孙"要度德量力而识时务，如遇真主，宜速归附"，历代继任者均奉若圭臬。当时在位的是末代国君钱弘俶。宋朝建立后，他秉承祖宗遗训，进贡甚勤，境内少有战事。因此，吴越的经济繁荣，百姓安居乐业。后来，赵匡胤加快统一步伐，吴越更是主动纳土归降，被后世传为佳话。

除此之外，境外还有契丹人建立的辽朝，实力不容小觑，当时的统治者是耶律璟。辽朝从后晋时代开始，就一直想插手中原事务，除了扶植境内势力，还一直在边境作乱。早在后周时期，周世宗柴荣便着手制订灭辽计划。宋朝建立后，赵匡胤更是难以忍受辽朝的各种干扰，但统一大计尚未实现，境外的辽朝不是他的首要目标。在某种程度上，因为辽朝的存在，北汉、南唐等政权才得以延续。

与上述五个政权相比，南唐国势虽不同往昔，但仍是其中实力最强的。赵匡胤无论从战略还是地理因素考虑，都不会轻易攻打。从形势上看，南唐邻近的国家或自身难保，或互有积怨，唯一能求援的只有境外的辽朝。李煜即位后，面前有两个选择：一是破釜沉舟、励精图治，举全国之力与赵宋王朝决一死战，或许还能博得一线生机；二是彻底臣服，直接向赵匡胤递交降书，从此再无南唐。可事实上，他两者都未选择，而是始终以模糊的态度应对，既示弱求全又不彻底臣服，既勤于进贡又暗自蓄兵。根据《宋史·卷四百七十八·列传第二百三十七》记载："虽外示畏服，修藩臣之礼，而内实缮甲募兵，潜为战备。"从这段文字记载可以直观地看出，李煜采取了臣服于外、备战于内的策略。他为何要这样做呢？为了反击宋朝吗？显然不是。在李煜心中，可以说从未产生主动挑战宋朝的想法。他自始至终的想法是尽力保住祖业，蓄兵是以防万一，若宋兵来袭，南唐不至于坐以待毙。虽然无可厚非，但这种做法是矛盾的，赵匡胤也不会坐视不管，因此在一定程度上加速了南唐的灭亡。

无法抛弃祖宗基业的李煜，在即位后做了几项举措。北宋建隆二年（公元961年）九月，派遣户部侍郎韩熙载、太府卿田霖进朝纳贡；十月，封异母弟李从善为司徒兼侍中、诸道兵马副元帅，另封邓王李从益为司空、南都留守，驻守南昌府；十二月，设置龙翔军，暗中训练水军，防患未然。虽然李煜有所准备，但不难看出，这些措施均为被动防守。他清楚地知道南唐没有实力全面作战，唯有做好两手准备：前有龙翔军御敌，后有南昌府可退守。这不失为弱者有效的抵抗手段，可见李煜并没有碌碌无为、坐以待毙。

次年，李煜一边加强战备，一边频繁进贡。仅此一年，入宋朝贡的次数就高达三次：三月遣户部尚书冯延鲁，六月遣客省使翟如璧，十一月遣水部郎中顾彝。第一次进贡，宋朝只收下了贡品，并无回复的诏书及回赐的礼物；第二次进贡，时隔不过三个月，宋朝的态度有所转变，虽仍没有回赐之礼，但放还了近一千名昔日被后周俘虏的南唐士兵，以示恩典；第三次朝贡，宋朝的态度大有改善，不仅对使节顾彝进行慰问和宴请，而且安排住处挽留其在京师过冬直到翌年正月，顾彝回国时赵匡胤还赏赐了一些牲畜作为回礼，并派遣使臣随同回访。

这三次的朝贡令南唐花费甚巨，虽然只得到一些象征性的赏赐，但这些友好的正面反馈说明南唐已经达成进贡的目的，宋朝的态度表明，在一段时间内是不会对南唐有所动作的。因此，李煜非常高兴，重赏了出使的三名大臣。

南唐稍安，李煜才松一口气。面对目前的困境，他竭尽所能地挽救颓势。尽管收效不甚显著，但身边周娥皇的开解、劝说，使李煜心中甚慰，不时和周娥皇吟诗作对、举行宴会来排解烦闷。

琴瑟和鸣

内忧外患的局势并没有磨灭李煜对文学创作的热情，年轻的君主对多年养育自己的乡土始终怀有希望。李煜每日都要面对繁杂的国事与政务，在间歇中最能使他舒缓身心的是诗词歌赋，而时常陪伴在侧、为其磨墨添香的便是周娥皇。都说帝王薄情，后宫坐拥诸多佳丽，往往红颜未老恩先断，可初为国主的李煜却与周娥皇鹣鲽情深。周娥皇如今贵为国后，一切言行举止都要严守礼法制度，但在李煜眼里，妻子仍是当初的妻子，还是一如既往地温柔体贴、善解人意，甚至有过之而无不及。

"纤手轻拈红豆弄，翠蛾双敛正含情。"① 周娥皇出尘的风姿、卓越的才情，甚至眉角眼梢的风采都成为李煜的创作灵感。

① 引自五代时和凝的《天仙子·柳色披衫金缕凤》。

浣溪沙

红日已高三丈透，金炉次第添香兽。红锦地衣随步皱。
佳人舞点金钗溜，酒恶时拈花蕊嗅。别殿遥闻箫鼓奏。

这首《浣溪沙》描写的是李煜宫廷生活中最直接、最真实的一面。宋朝文人陈善曾在《扪虱新话》中有所批评："帝王文章自有一般富贵气象……不知彼所谓金炉、香兽、红锦地衣当费得几万贯。"也有人单从词句本身对词作出客观评价，如清代文人贺裳曾在《皱水轩词筌》中云："写景文工者……李重光'酒恶时拈花蕊嗅'，皆入神之句。"

上片通过时间和环境描写展现了一派富贵慵懒的享乐场景，开头的"三丈透""次第添"表明宴乐从晚上持续到第二天早上，连熏炉里的香料都已燃尽，需要宫娥二次添加。"金炉""红锦"极言环境的奢华绮丽，作者对此表现出的语气是欣赏、赞美的。下片承接上片，通过描写舞伶的风姿，暗示歌舞宴会通宵达旦，将其享乐、狂欢的神态表达得淋漓尽致。"金钗溜"表明舞者脚步虚浮、发钗散乱，下句的"酒恶时"带出原因，过渡非常自然，醉意朦胧之际还不忘"拈花蕊嗅"让自己稍作清醒，最后的"别殿遥闻箫鼓奏"更进一步展现了宫中频繁宴乐的景象。

一个冬日的深夜，宫殿的金瓦已被飞舞的雪花覆盖，平日的宫廷变成一片银装素裹的琉璃世界。在内殿的暖阁中，李煜与周娥皇仍在执杯对饮。漫漫长夜，两人都已微醺，周娥皇忽然来了兴致，轻声对李煜说："臣妾有一不情之请，素来知道陛下舞姿不俗，往日都是臣妾为陛下献舞，不知今日可否让臣妾一饱眼福？"

李煜听了微微侧过头，笑道："也未尝不可，只是卿若能现场编一新曲，立当从命。"周娥皇浅浅一笑，只见她放下金樽，唤宫娥呈上笔墨纸砚，优雅地起身到桌前坐下，执笔开始静静思考。她樱唇微启，时而轻声哼唱，时而低头谱曲；她柳眉微蹙、脸泛红晕，头部的轻微晃动使精致的耳坠左右轻摇，绰约风姿令一旁的李煜生出无限爱意。

不多时，周娥皇便放下笔对着李煜俏皮一笑。她将谱好的两支曲子递给李煜。李煜迫不及待地边看边哼，面露惊艳之色。细细阅之，这两支曲子的曲调完全不同：一支哀怨缠绵、情凄意切，名为《恨来迟破》；另一支意气风发、激昂振奋，名为《邀醉舞破》。"卿之才，小生万分敬仰。"李煜幽默地作揖，戏谑道。周娥皇不禁扑哧一笑："还请陛下兑现承诺。"

说罢，两人便携手走向开阔处，周娥皇唤宫娥取来琵琶，先将两支曲子演练一番，李煜静坐一旁，闭眼倾听。他对周娥皇道："孤以为，冬夜万籁俱寂，甚有意趣，这支《恨来迟破》颇有呜咽之音，在这冰天雪地间更显凄清。"周娥皇颔首，抱稳琵琶，接着五指联动，只听见一股低悠悠、如泣如诉的调子传出。李煜此时已换上一袭白色舞衣，随着幽怨悲凉的节拍缓步起舞。他脚步连转，眼神清冽，与周娥皇的铮铮指音配合得天衣无缝。二人一弹一舞相互融合、浑然一体，仿佛天地间只剩他们。受此悲伤情绪的感染，李煜不禁想到目前举步维艰的局面。这满室琳琅、锦衣貂裘的日子还能维持多久？不过是繁华易逝，似水流年罢了。两人似有和应，竟不能再弹、再舞，二人相拥而泣。

盛唐时，《霓裳羽衣曲》名动天下。这支由唐玄宗创作的乐曲是唐朝，甚至是中国音乐舞蹈史上的辉煌杰作，原是献礼道教的法曲，供道士祭祀时所用，后杨贵妃亲自配以舞蹈，又得名《霓裳羽衣舞》。该歌舞构思精妙，曲调大气优美，经常在重大宴会上表演。唐代著名诗人白居易曾有幸在宫廷中看到此歌舞。他在长篇诗作《霓裳羽衣舞歌》中写道："案前舞者颜如玉，不著人间俗衣服。虹裳霞帔步摇冠，钿璎累累佩珊珊。"诗中描述的舞者头戴道冠，一副道教仙子的模样，正契合了唐玄宗创作此曲的本意：向往神仙，前往月宫得见仙女。

后因唐代灭亡，《霓裳羽衣曲》乐谱逐渐失传。李煜有幸得到一卷残谱，如此喜爱音律和舞蹈的夫妻二人可以说是欣喜若狂。后来，在周娥皇与宫廷乐师曹生的努力下，按图索骥，修残补缺，完成了新版本的《霓裳羽衣曲》，并时常排练演奏，虽与原版稍有出入，但也别有一番意境。

李煜对周娥皇的改编非常赞赏。为了见证这一盛事，他特地安排宫廷乐师和舞伶将《霓裳羽衣曲》编排成南唐风格的歌舞，并挑选良辰吉日，举行隆重的宴会，邀请文武百官共同欣赏。

舞伶们凤髻罗袖，妆容精致，腰肢袅娜，她们随着乐曲翩翩起舞，时而抬腕低眉，时而长袖生风，仿若神仙妃子，飘逸出尘。在座人士都被这美不胜收的歌舞震撼了。宴会结束后，李煜还久久沉浸在《霓裳羽衣曲》中，意犹未尽的他诗兴大发，创作了一首《木兰花》[①] 以记录这次盛会。

木兰花

晚妆初了明肌雪，春殿嫔娥鱼贯列。凤箫吹断水云间，重按霓裳歌遍彻。

---

① 《木兰花》又名"玉楼春""春晓曲""惜春容"。

临风谁更飘香屑，醉拍栏干情未切。归时休放烛花红，待踏马蹄清夜月。

好一幅春夜宴乐图，盛装的嫔娥、觥筹交错的君臣融合在载歌载舞的光影中。这是李煜早期的代表词作之一。这首《木兰花》整体并无高深的思想立意，但其手法高超俊逸，令人叹服。读完全词，读者感受到的是李煜对宴会满满的赞赏和余兴未尽之情，是他纯粹的、发自内心的愉悦。他从宫廷女子光彩照人的妆容着手，侧面烘托了宴会的盛大和奢华。"鱼贯列"则描述了舞伶们莲步轻移进入宫殿的场景，具有动态美。这是眼之所及的盛况，而耳边响起的是"凤箫吹断""歌遍彻"的《霓裳羽衣曲》，透入鼻翼的是空气中弥漫着的脂粉香气以及美酒的醇香。

宴会结束之后，在归殿的路上，李煜命宫人将灯笼中的烛火熄灭，靠着清冷的月光，缓缓踏马而归。深夜，皇宫中万籁俱寂，只有明月与轻轻的马蹄声，李煜骑着马，心中回味着今夜的种种意兴。此情此景，与极尽喧嚣的宴会形成强烈的对比。这种反差在李煜笔下呈现出如此高妙的情调。

李煜创作中的词句艺术之美，大多来源于他细腻的观察，他并不着墨于盛大宴会场面的正面描写，反而通过许多微小的细节，如器具、衣物、时间的变换，甚至舞者头上的金钗，从侧面让读者感受到不可言状的旖旎缠绵之意。这种写法也将李煜即位初期喜爱歌舞、不忘享乐的性格显现无遗。这与他即位后的种种守备安排看似矛盾，但这才是真实的李煜。人远远不止一面，正如李煜，他的为政举措并不代表他会一直沉浸于政事之中；他喜爱奢华的宫廷宴会，也不能说明他碌碌无为，反而在两厢对照中透露出作为君主的无奈，焉知饮酒作乐不是逃避之举呢？

为了换取国家的短暂安宁，李煜向宋朝廷做出谦卑的低姿态，积极进贡，自降仪制、暗练兵马，尽管出于保国安民的考虑，但这些举措的缺点却逐渐显露。不管是进贡还是练兵，统统需要国库的支持，而国库的来源主要是税收，若出现巨额亏空，最终会层层分摊在老百姓身上。因此，这时期南唐的苛捐杂税越来越多，而民怨一旦呈鼎沸之势，局面就会失去控制，也就是所谓的官逼民反，李煜即位后的第一次农民起义就这样爆发了。

山雨欲来

　　彼时，南唐平静的表面下暗流涌动。对宋朝，南唐俯人鼻息，卑躬屈节；在国内，地方官府加重剥削，横征暴敛，国内阶级矛盾越加尖锐，百姓怨声载道，其中以庐陵郡（今江西省吉安市）的局势最为严重。这一积重难返的问题最早可以追溯到唐元宗李璟时期。

　　庐陵郡位于赣江中游，隶属吉州管辖。李璟决定迁都洪州后，南唐的政治、经济重心南移，带动了赣江流域的发展，庐陵郡渐渐发展为南唐重要的经济大郡。此处山清水秀、田地肥沃、物产充足，百姓安居乐业，文化产业发达，对外交通便捷，是个富庶繁华之地。李璟在位后期，挥霍无度，任用佞臣，导致政治腐败，国力一日不如一日。部分对南唐前途缺乏信心的官员和豪商巨贾偷偷带着家眷和财产迁移至赣江流域一带的郡县。

　　一批官僚和豪绅的到来让庐陵郡的商业活动更加兴盛，促进了当地经济的发展，但就长远来看，弊远远大于利。随着官僚、富商的涌入，庐陵郡的许多中小地主和农民的田地被侵吞和抢购。因丧失赖以生存的耕地，当地百姓颇为不满，但天高皇帝远，消息被当地官员封锁了。

不仅如此，迁至此处的外来人口因重新建房安家，需要大量的劳动力。如果造房的是豪绅，则联络官府，通过告示出钱雇佣；如果造房的是官僚，便以官府之名强征民夫。这两种做法带来了不同的后果：被富商雇佣的农民可以得到微薄的酬金，而强征的民夫属于无偿劳动，这对于从事劳役的平民来说，等于双重剥削。因此，庐陵郡的贫富分化越来越严重，所谓"富者田连阡陌，贫者无立锥之地"。经年累月之下，上层贵族越来越富有，底层百姓却连温饱都难以解决，阶级矛盾越发尖锐。

历史上，各朝各代的统治者对土地兼并、贫富分化都早有认知，但因上层社会利益集团的相互倾轧，很难采取有效的抑制措施，南唐也不例外。李煜在位时期，庐陵郡的阶级矛盾终于爆发了。这次起义的主要领导者名叫吴先。他出生在庐陵郡郊外一个贫寒的农民家庭，自幼父母双亡，到了而立之年还未娶妻成家。孑然一身的他几乎常年在外奔波，靠打短工、做苦力、跑小买卖维持生计。他见多识广，能吃苦、人缘好，在多年与人打交道的过程中，学会了一些简单的汉字和计算。

当时，因李煜需要进贡宋朝，又要暗自练兵，各级地方官府的苛捐杂税难免增多，有很多百姓都交不了税，因此催缴赋税的工作就落在了徭役身上。中国的徭役制度从秦汉时期发展到隋唐五代时期已渐趋繁复，有了明确的典章制度。随着封建制度的推进，地主阶级追求的利益链越发膨胀，徭役制度变得必不可少。光是国家的运作就需要征召大量徭役，如战事军备、土木兴建等，贵族官僚建造府邸也可以通过官府征召徭役，甚至富贵人家办婚丧喜庆也向民间征召徭役。

有些差使不一定是苦力活，比如催逼赋税，但它要求服役人员有一定的算术和断文识字能力。当时，服此类徭役的人一般会走向两条分化的路。一是利用官府交付的差使仗势欺人，中饱私囊，甚至勾结官府牟取暴利，摇身一变成暴发户，甚至成为官府的专职衙役；二是在服役过程中，目睹各种不公、腐败，认清封建剥削的残酷性，站到广大穷苦百姓的一边，最终走上起义道路，比如吴先。

　　吴先的算术和书写能力使他很快被地方官吏相中，征召他去各个村落催缴赋税。一开始，吴先并没有多想，他只是个艰难度日的百姓，替官府办事岂敢说个"不"字。因此，他认为这项差事与以往的打短工、跑腿一样，只是受人之托、忠人之事。直到他深入每家每户催收，目睹了各种惨况后，思想上发生了巨大变化。以前他独身一人，没有太多的忧虑和烦恼，而他催收的人家中，多数是一家老小，老的疾病缠身，小的嗷嗷待哺，他们连基本的温饱都无法解决，哪能交得起各种赋税。官府不会轻易放过欠了赋税的人家，将他们逮捕入狱，轻则遭一顿毒打，重则丢了性命。

　　在吴先的催缴过程中，有些人家跪地请求宽限几天，有些积欠已久的抱着他的大腿号啕大哭。吴先从开始的惊讶、震撼到后来的难以抑制愤怒，他深感社会的不公，面对和自己一样的贫苦百姓，他不忍再三催逼。而与他一同催收的差役却得意扬扬地向他"传授"发财捷径："我说吴小子，你老这样收不到税不是办法，天上掉下这么个肥差，你得好好利用才行。"

　　吴先皱了皱眉，没有说话。那差役以为他在懊恼催收不力的事，接着说："我知道你还没成家，看你也有三十好几了吧，只要你弄清这里的门道，成家立业那是轻而易举的事。"吴先冷笑道："服徭役还能娶妻发财？"差役来了兴致，以前辈的口吻点拨他道："不就是娶个婆娘吗？这十里八乡的寡妇多的是，挑一个欠着税的、自己喜欢的，使使手段，威吓威吓，不怕她不从了你！"说完笑嘻嘻地对吴先挤眉弄眼。

吴先见他说得粗鄙，刚欲驳斥，只见那差役一手搭在他的肩膀上，一副称兄道弟的模样，接着说："这还是次要的，关键是有钱，有钱还怕娶不到媳妇吗？你要巴结好官大人，得了好处要知道孝敬，大头给官大人，自己留点肉汤。这肉汤也养人啊，你要是会来事，上面的自然不过问钱的来路，多的是发财机会。等有钱了，跟我一样在衙门混个差役做做。有钱能使鬼推磨，难道你想一辈子当穷人吗？"

吴先紧握着拳头，心中有一处地方崩塌了，胸腔中充满了愤慨。回想这些年，他东奔西走，在外谋生，见过形形色色的人，如码头上的苦力、到处摆摊的小贩、因收成不好打短工帮补生计的农民、乞讨的老人等，他们大多是在底层勤恳度日的老百姓，他无法想象，包括自己在内，穷尽一生却要被沉重的赋税压垮。他依稀记得早些年，生活并不像如今这般艰难，只要卖力干活，吃喝是不愁的，而且还能有余粮。

他又想到南唐经历的几次战乱。在外做买卖时，他曾看过他国军队侵占肆虐南唐郡县，富商破产、贫民无以为生，南唐彻底失去了往日的繁盛。吴先虽只是普通平民，但此刻，他对国家的前途兴亡开始有了模糊的认知。他懂得如果国家不富强，百姓就没有活路。他开始偷偷关注政局形势，在跟其他差役的闲谈中，得知南唐不断讨好的宋朝只是一个新生的中原政权。作为一介平民，他十分疑惑，南唐建国数十年，为何会如此惧怕一个刚建立的政权？若朝廷一直不思振作，宋朝只会越发强大。

随着了解的深入，吴先知道收来的税钱真正上缴到国库时，起码有一半已经被各级官员收入囊中，而国库里的钱又有近一半用来进贡给宋朝，如此劳民伤财，国家怎会强盛起来？催缴赋税的徭役等于做官府的帮凶，他无法再昧着良心助纣为虐，也不愿旁观无辜的百姓被压迫和剥削。但吴先知道光靠自己的力量是远远不够的，他计划号召当地百姓，先向他们展示官府的真面目，再组织他们共同抗缴。在他的动员下，不堪重负的百姓纷纷团结起来对抗官府。一传十，十传百，庐陵郡一带的村民掀起了一场声势浩大的抗缴风波。

面对群情激昂的百姓，庐陵郡的郡守手足无措，只得先派人去调查。经回报得知，这次抗缴风波的发起人竟然是曾为他们服务的杂役工吴先。郡守知道后怒不可遏，为了保住乌纱帽，他立即命人捉拿吴先。

吴先被捕后，参与抗税的百姓义愤填膺，纷纷拿起镰刀和锄头赶往监狱营救。狱卒们无力抵抗，有的被打伤，有的被打死。愤怒的农民砸开牢门，成功营救了吴先。事态的发展看似顺理成章，但整个事件的性质已经变得不同。原本只是群体抗议，但打伤狱卒、劫走囚犯，百姓们就被认定为暴民，朝廷有足够的理由派兵镇压，可以说这次营救拉开了起义的序幕。

鹧鸪洞起义

　　吴先被营救事件，就像一个导火索，迅速点燃了积压在百姓心中许久的怒火。恢复自由后的吴先对官府的所作所为感到极度失望和愤慨。他号召民众，向他们讲述白甲军起义抗击外敌的事迹，告诫他们，生活的这片乡土随时有外敌入侵的危险，朝廷不思进取，只会剥削百姓，如果他们不团结起来保卫自己的家乡，战事一旦发生，第一个遭殃的便是老百姓。吴先的振臂一呼，正式竖起了起义的旗帜。由于不是正规军队，起义军最初的几次武装战役均以失败告终。虽然没有攻下庐陵郡周围的一些县城，但更多相似处境的农民加入了他们。人多力量大，吴先与几个有见地的起义人员商议后，决定将起义阵地转移至郊外一个名叫鹧鸪洞的地方。

　　鹧鸪洞隐藏在深山之中，内有多条通道与上百个大小不一的岩洞，它们之间相互联通，如迷宫一般。洞穴内地形复杂，行走困难，易进难出。进入鹧鸪洞后，吴先先带着起义的百姓将洞内地形摸清楚，逐一在难以分辨的通道标上隐秘的记号，并扫清了岩洞内的杂草杂石。安顿好起义人员后，吴先发现这些洞穴非常适合安置机关，附近有空地进行练兵，可以作为长期据点与官府展开持久斗争。

没有兵器，他们就不定期下山突袭，从巡逻的官兵中抢来武器，遇到官兵追截，就四处分散逃回岩洞中躲藏。官兵进入深山老林后，就找不到他们的踪迹，一时竟无他法。就这样，起义军的力量逐渐壮大，初成规模。尽管当地衙门不断派兵清剿，甚至寻找到鹧鸪洞前，可谁也不敢贸然进洞，除了易进难出外，起义军设置的层层机关也令官兵防不胜防。

在这期间，当地官府的严查滋扰了不少百姓，不断有人加入吴先的阵营，起义军的势力已形成一定规模。庐陵郡的郡守见事态逐渐失去控制，只好上报李煜，请求派兵援助。

这是李煜首次遇到国内的暴力反抗事件，他立即召集大臣商讨解决方案。多数大臣建议派重兵前去镇压，以示天威。也有大臣认为，山水迢迢派兵前去得不偿失，金陵不可缺少重兵把守，而且都城士兵比当地官兵更加不熟悉鹧鸪洞的地形，不如招募能人异士，加以当地官府配合，剿灭暴民。李煜认为言之有理，于是传令在全国各地张贴剿寇榜文，榜文指明，若能成功平定鹧鸪洞的贼寇，朝廷将许以丰厚的赏赐。只过了几天，庐陵郡辖下的安福县便有人拿着榜文到官府应募。

此人名叫刘茂忠，正是日后南唐的袁州刺史。这时，他还是安福县的一名捕头，生得虎背熊腰、面阔口方，一副凶神恶煞的模样。他原名刘彻，因与汉武帝同名，受人嘲笑后，改名刘茂忠。他年轻时争强好胜，后因屡犯盗窃、抢劫罪被吉州官府逮捕下狱。因犯案累累，祸及邻近数个县城，刘茂忠被判处极刑，需押至金陵执行。凑巧的是，他刚被押解到金陵，李璟便驾崩了，李煜即位后大赦境内，刘茂忠所犯的盗窃罪在大赦范围内。于是，他的死刑被免，被改为长期监禁。

李煜生性仁厚，教令宽松，据陆游《南唐书》记载："论决死刑，多从末减，有司固争，乃得少正，犹垂泣而后许之。常猎于青山，还，如大理寺亲录系囚，多所原释。"这段话是说李煜常亲自过问刑狱案件，甚至直接到狱中讯察囚犯，以防有冤假错案发生，且一般从宽处置。由此反映出他对定罪量刑非常慎重，这除了与他多年礼佛和好生戒杀的本性有关外，更多的原因是李煜对南唐形势有客观的认识：国危则民心不稳，这个时期如果滥用酷刑，政权将加速灭亡。基于此，李煜才进行干预，但录囚一般由案件的主管长官负责，因此李煜的这种做法也引起一些大臣的异议。"中书侍郎韩熙载奏，狱讼有司之事，囚圄非车驾所宜临幸，请罚内库钱三百万以资国用"。这段文献，记录了大臣韩熙载上奏李煜，认为其频繁驾临大理寺录囚的行为不合法度，甚至请求李煜自行罚款充公。这一史实从侧面反映出李煜执政期间，大臣们对于国事直言敢谏。

刘茂忠恰好遇上这段特殊时期。被改为长期监禁后，李煜某次提审他，言谈中，刘茂忠得知国内盗乱四起，已经祸及金陵，而作案人员竟是他以前的同伙。他感怀李煜赦免其死刑，也想重获自由，于是下跪请旨，称愿意戴罪立功，与朝廷里应外合，平定盗乱。李煜正为盗乱猖獗而犯难，虽见其诚心悔过，但也怕放虎归山，于是问道："你如何保证不失信于孤？""为表至诚，罪民愿以血画押。"刘茂忠咬牙道。"哦？那你打算如何行事？"李煜继续问道。"回陛下，罪民听闻流窜作案的主要盗寇一个唤萧荣，一个唤赵晟，此二人皆是罪民昔日的同伙。若带着官兵去提拿，只会打草惊蛇，所以罪民认为可以佯装逃狱，前往投奔，官兵紧随其后跟踪潜伏，待收到罪民发出的讯号后伺机而动。"刘茂忠道。

李煜听后，默然不语。刘茂忠看出他的犹豫，便重重地磕了一个响头，决然道："罪民自知罪该万死，幸得陛下宽厚仁慈，重获新生，跪求陛下给罪民一个将功赎罪的机会，一定不负圣望，平定盗乱，若有差池，任凭处置。""既如此……好，刘茂忠听令，孤将即日释放你，命你带领两支精兵捉拿贼寇，不容有失，否则以重罪论处，若事成，必有重赏。"李煜凛然道。"罪民遵旨。"刘茂忠再次磕头谢恩。

刘茂忠事先制定了缜密的计划。他先按计划灰头土脸地假装投奔，成功骗过了萧、赵二贼。在他们疏于防范之时，乘机放出讯号，使官府将其一网打尽。事后，李煜论功行赏，不仅免去刘茂忠的监刑，而且让他当了安福县的捕头。

不久之后，庐陵郡爆发鹧鸪洞起义，剿寇榜文贴得到处都是。刘茂忠认为这是个立功扬名的大好机会，于是揭下榜文，应募此事。李煜得知刘茂忠揭榜后，结合前次他的勇谋认为是个可托付之人，便召其入都面圣，诉以勉励之语，并派一支精兵让其指挥，前往庐陵郡，与当地官府配合，平定暴乱。

刘茂忠本是个杀伐决断之人，面圣之后，他信心更足，只待到达后准备各项事宜。安福县与鹧鸪洞毗邻，因此，刘茂忠并非一无所知。他深知洞里地形复杂，不能硬闯，只能巧取。在权衡了各种情况后，刘茂忠决定采用反间计与苦肉计。在此期间，他严令众士兵不得接近鹧鸪洞，因为刘茂忠在当地调查后发现吴先为人精明，担心偷探敌情会令其起疑。

他正常布防，将营地驻扎在离鹧鸪洞稍远的地方，日日操练不辍。吴先不出数日便得知朝廷有一队精兵在附近驻守。他坚守

"敌不动，我不动"的策略，暗自韬光养晦，刘茂忠见势也按兵不动，双方一时竟相安无事。

一天，刘茂忠正在巡查各处的布防工作，撞见两名士兵在偷奸耍滑。他不由得大怒，先以玩忽职守的罪名将二人各打一百杖，后用囚车关押，称要以军法将其问斩。就在当晚，大部分士兵还在酣睡时，军营后方忽然燃起熊熊烈火，睡梦中的士兵惊醒后急忙救火，直到天亮，火势才消下去。在点算人员伤亡时，刘茂忠发现关押在囚车的两名士兵趁乱逃脱了。不久，查明了起火的原因，正是这两名犯军法的士兵所为。刘茂忠亲自带队寻找二人的下落，但只搜查到鹧鸪洞附近便草草收兵。

两名伤痕累累的士兵结伴逃入深山后，假装奄奄一息地倒在鹧鸪洞的洞口前，嘴里还喃喃自语。鹧鸪洞守夜的起义军发现他们后，为保险起见，先去报告吴先。吴先命人将其押入洞中，待二人清醒后进行盘问。醒来之后，两名士兵请求吴先收留，吴先让他们说清事情的缘由。两名士兵愤恨地说自己因小事触犯了军法，领军的刘茂忠残暴不仁，不仅将他们打成重伤，还要问斩，于是他们火烧军营连夜逃了出来。他们边说边解开衣服，吴先将信将疑，但二人已皮开肉绽、体无完肤，足见下手之狠。

那两名士兵由愤慨到恸哭，诉说自己本想当兵能吃饱饭，谁知军营中也如此暴虐无道，继而他们赌誓此仇不报誓不为人，并跪求吴先允许他们加入起义军一同对抗官府。吴先没有立即答应，安顿好二人后，命人外出查探。不久，回报的人便将刘茂忠军营中的情况详细禀明。

吴先微微点头，对两名逃兵打消了些许戒心，心中也有了想法：既然他们受迫害至此，大可收入麾下，而且他们从军营而来，非常清楚刘茂忠领兵布阵的情况，这对起义军来说十分有利。于是，他让属下采药喂汤，尽力救治两名逃兵；他则时常与他们谈话，了解官兵的布防计划。两名逃兵事先早有应对之词，但为了取得吴先的信任，声称愿意做先锋带领起义军杀向刘茂忠。经过多日相处，吴先根据他们提供的情报，对刘茂忠军成功实施了几次小范围突袭，于是更信赖二人。

约一个月之后，两名逃兵的伤已经痊愈，他们对鹧鸪洞的情况也了如指掌。一天深夜，两人以献计为名求见吴先。吴先不疑有他，在自己的卧榻处接见了两人。谈话间，一名逃兵趁吴先不备，从怀中掏出锋利的匕首，猛地刺向吴先的心脏，另一名逃兵则扑上去死命捂住吴先的口鼻，吴先无力反击，被两个奸细连刺数刀，还没来得及呼救便倒地身亡。原来问斩、逃窜、纵火、佯死、突袭都是刘茂忠预先安排好的，可怜吴先就这样惨死在他的诡计之下。

两名逃兵确认吴先死亡后，按照刘茂忠事前的吩咐，割下他的首级，用布包好，趁夜从另一条隐秘的洞穴一路潜回军营。当他们把吴先的首级上呈时，刘茂忠喜得拍桌而起："群龙无首，我看你如何起义，不过一群乌合之众罢了，哈哈!"说完，连夜发布军令，翌日一早全体集结，前往鹧鸪洞剿灭匪寇。

翌日拂晓，这支蛰伏了一个多月的精锐兵以刘茂忠为首，浩浩荡荡地出发。为打击起义军的士气，刘茂忠故意将吴先的首级用竹竿挑在队前示众。鹧鸪洞附近潜伏的起义军探子见到此景，大惊失色，连忙返回告知众人。在鹧鸪洞深处找到吴先的遗体后，起义军顿时六神无主，慌作一团，只得躲进洞穴中。

刘茂忠到达后大手一挥，此前两名熟悉鹧鸪洞地形的"逃兵"便带领军队冲入洞中，毁掉所有的机关，大肆冲杀。起义军有的阵亡，有的投降，最终全军覆没。刘茂忠凭借狠辣的手段，成功平定了这次起义。远在金陵的李煜得知后，重重赏赐了刘茂忠，并任命他为吉州兵马都押衙。

李煜在位初期的第一次农民起义就这样被平定了。事后，他平息事件，稳定民心，据马令《南唐书》记载："罢诸路屯田使，委所属令佐，与常赋俱征"，这正是证明了李煜实行过打击贪官、减免赋税的措施。

第五章

偏安一隅，图存屈节

北宋乾德元年，李煜的情感生活发生了天翻地覆的变化：视为知己的结发妻子不幸染病，缠绵病榻；与妻妹暗生情愫，渐次沉溺其间，难以自拔；幼子遇险，夭折而亡；妻子含恨，不及而立便驾鹤西去。面对沉痛的变故，李煜又将如何自处？

爱妻染病

公元963年，宋朝改元乾德，李煜也随之改用乾德纪年。在他尽力维持国家现状的同时，宋朝已在汴梁着手训练水军。虽然暂时没有进攻南唐的打算，但赵匡胤始终在做准备。南唐的水军实力不容小觑，宋兵不谙水战，要想战事顺利，必须要有一支比南唐更勇猛的精锐水师。

南唐坐拥长江天险，有天然的地理优势，而汴梁在内陆，没有理想的演练场地。为了达到预期效果，赵匡胤不惜大兴土木，开凿河渠，整日紧张操练。南唐得到情报，监察御史张宪率先要求面见李煜，义正词严地劝诫他重视此事，李煜为张宪的直言进谏所感动，给予重赏，并且第二天在朝堂上当众称赞了他。但赞赏归赞赏，李煜对此无能为力，他既不能阻止赵匡胤练兵，也无法阻止宋军南下。在他心里，南唐与宋朝依然还有对话的空间，他只要尽力维持南唐现有的面貌就足够了。

李煜疲于应对国事的同时，他的后宫也发生了变故。北宋乾德二年（公元 964 年），在他与周娥皇结发十载之际，他深爱的妻子病倒了。看着日渐憔悴的爱妻，李煜痛心不已，无法想象周娥皇撒手人寰、离他而去的情景，遂日夜守候在妻子的病榻前，喂汤侍药，百般照料。可惜，不管李煜请来多少名医，服用多少名贵药材，她的病情始终没有起色，反而日益消瘦。与从前巧笑嫣然、粉目含春的模样比起来，此时的周娥皇让李煜心疼不已。他怀念从前与妻子耳鬓厮磨、执杯对饮的恩爱时光；他一刻不停地想，本该是幸福的一家四口，夫妻情深，有两儿承欢膝下，共偕白首，奈何世事无常，兴尽悲来。

后庭花破子①

玉树后庭前，瑶草妆镜边。去年花不老，今年月又圆。莫教偏，和月和花，天教长少年。

周娥皇的病来势汹汹，短短数月便形容枯槁，让李煜难以接受。他忧心忡忡地度过许多日夜，写下这首期盼妻子病愈的《后庭花破子》。纵览李煜前期的作品可以发现，他慨叹人生苦短的词作，多表现春怨秋思，以景物抒发哀愁的情调，但是这首词中透露出的热切和期盼情绪比以往任何一部作品都要强烈。

玉树、瑶草是传说中的仙树、仙草，李煜在此引用，是为了表达他所向往的美好与不朽之意。周娥皇病重，尽管昔日舞态生风、鲜活灵动的模样依然历历在目，但已经一去不复返，一句"花不老"

---

① 北宋陈世修辑编的四印斋本《阳春集》补遗后附注："……'《后庭花破子》，李后主、冯延巳相率为之。'此词李作冯作，惜未载明，各本选录李词，亦无此阕。"

"月又圆"在对比中突出了人生易逝，表现了他对岁月的眷恋之情。他希望时光永远定格，停留在彼此青春年少、意气风发的时刻。

这种对美好生活的依恋和不舍，恰恰反映出李煜对于失去的恐惧与无奈。花谢花又开、月缺月常圆，周而复始的景象被李煜视为永恒。人们往往只愿看到花好月圆的温馨画面，而刻意要避开花谢、月缺的悲观时刻。周娥皇患病给李煜的情绪造成极大波动，如此浓厚的情感在他的词作中很少见，到"莫教偏一句"，李煜更是忍不住仰天疾呼：祈求上天不要如此偏颇，让世间的人们也和花儿、月亮一般永驻长存吧。

周娥皇患病期间，李煜时常回想起妻子的一颦一笑，甚至衣品着装，如今见怀中消瘦憔悴的人儿，何其痛心。他的思绪飘回昔日，周娥皇贵为南唐国母，受到境内百姓的爱戴。她在穿衣打扮上具有独特的审美，常常引领皇族贵胄以及寻常百姓的时尚风潮。回想二人刚成婚不久，李煜因有事要出远门，十多天后方归。其间李煜不禁联想周娥皇翘首企盼的模样，既心疼又心动，当即以妻子的角度写下一首满怀相思之情的《谢新恩》。

谢新恩①

樱花落尽阶前月，象床愁倚薰笼。远是去年今日，恨还同。
双鬟不整云憔悴，泪沾红抹胸。何处相思苦？纱窗醉梦中。

暮春傍晚，门外落花无人问，阶前月色凉如水，闺阁内女主人

①　据杨敏如编著《南唐二主词新释辑评》注，该词"上、下片各缺一七字句。且格律不一致，上片第二句六字，下片第二句五字；上片第三句为四、五，下片第三句为五、五，难属一调，难成一篇。然而内容明晰，词句可取。"

公愁容满面倚坐床边，薰笼内幽幽散发出的香气似无尽绵延的相思，未见归人。春天生机勃勃，万紫千红竞相开放，本该是令人开怀出游的时节，但词中弥漫的却是一片愁云惨淡的气氛，女主人公看到的是飘落的花儿和清冷的明月。这一切，只因心存相思。情郎的归期到底是何时？她懒懒地斜靠在象牙床上，薰香也无法使她安定心神，她思绪飘远，依旧愁眉不展。去年今日，也是这般苦苦等候，等一个人的滋味真不好受呀。新愁旧憾仿佛没有尽头，使人平添了万般烦恼。原以为思念会随着时间变淡，却不曾想相思如同那玲珑骰子安红豆，已深入骨髓。

上片写景、写物，李煜利用对自然环境和室内环境的精妙描写，突出了女主人公的心境；下片则直接写她的愁容面貌及内心活动。"不整""憔悴""泪沾""醉梦"，短短数词，生动地刻画出姿容散乱、无心装扮的思妇形象。愁绪难理，无以慰藉，泪流尽，湿透了衣衫，而思念却如影随形，女主人公只好借酒消愁，期盼在梦中与心上人相会。然而，梦中的欢愉只有片刻，梦醒后的空虚与冷清使人更加愁闷无奈，为何相思这般苦楚？令人深陷其中，无法摆脱。末尾以问作结，将对情郎的牵挂、怨情化作余味无穷的延伸。整首词以景衬怨，表达了女主人公饱受相思之苦的情态，令人不忍。从艺术手法、技巧上看，李煜选择女性为描写对象，显得哀切动人，文字极为优美，其情意之悲苦、处境之凄清，都被抒写得淋漓尽致。同一时期类似的词作还有另外一首著名的《长相思》。

长相思

一重山，两重山，山远天高烟水寒，相思枫叶丹。

菊花开，菊花残，塞雁高飞人未还，一帘风月闲。

秋日萧瑟，眺望远方，山峦连绵不绝，正如思妇心中的怨重重、恨重重。望山望不断，相思思不绝，看似句句写景，却句句含情。全词未现一个"秋"字，却将悲秋的情绪贯穿始终，情景交融，浑然天成。李煜巧思，分近景、中景、远景描写，由近及远，渐次铺展。远望"山远天高""塞雁高飞"，旷达中显出落寞寂寥；将视线拉回后，看到"烟水寒"及"风月"，凄楚寒凉之意有增无减；再看近旁，"枫叶丹""菊花开""菊花残"，不禁想到"人未还"，怎能不悲伤？菊花凋谢后，萧索的寒冬降临，斯人未归，只好独自一人面对那"一帘风月"。李煜用多个意象巧妙营造出凄清幽远的氛围，让人产生无尽的遐想。

　　李煜早期以周娥皇为灵感来源，创作了不少诗词，多是描写风花雪月、借景抒情之作，艺术手法堪称高超妙绝，但情感方面则轻匮乏，限于闺情思念或宴饮欢畅。周娥皇病重后，他的心境悄然发生了变化，但上天似乎没有感应到李煜的祈求，反而接连给了周娥皇两次致命的打击。

情不知所起

人生无常，造化弄人。据野史记载，李煜为了宽慰病重的周娥皇，特地将其母亲与小妹从扬州接到金陵。周老夫人是南唐大臣周宗的继室，入门后育有二女，即周娥皇与周小妹。周小妹，即历史上的小周后，史书上并没有记载她的名字，有一说称其名为周嘉敏或周薇，但后人因"娥皇女英"的典故多称呼其为女英或小周后。她比周娥皇小十四岁，此时正待字闺中，上一次入宫还是三年前，如今的她已经出落得亭亭玉立，跟年少时的周娥皇十分相像。

为了给妻子一个惊喜，李煜没有事先告知周娥皇岳母与妻妹的到来，周娥皇此时缠绵病榻，神思迷糊，无力见客。李煜不愿她疲累，便将岳母、妻妹安置在别院，待她稍安后，再安排探视。周娥皇无论如何都想不到，自己的亲妹妹与丈夫在此期间竟会暗生情愫。李煜本着爱屋及乌的心态，自与周娥皇成婚后，一直对周家多加照拂，虽与周小妹见过数次，但那时周小妹年幼，远不及此次进宫时让李煜心动。

周小妹很像妻子，无论才情、相貌和气质都能与周娥皇相媲美。从她的身上，李煜看到了许多与妻子的相同之处，他不禁迷醉了，似乎又回到年少青春的时日。周娥皇患病期间，李煜同样抑郁难眠，加上国家内忧外患，他的心情很沉重，活泼恣意的周小妹一出现，仿佛将他心中密布的愁云驱散——他迎来了新生。

　　但与此同时，他也是矛盾的。他对周娥皇依然情深义重，她在自己心中的位置无人可以取代。但人心是复杂的，一旦怦然心动，便覆水难收，深情而又多情的李煜注定再次卷入一场缠绵悱恻的爱恋。

　　白居易在《邻女诗》中有云："娉婷十五胜天仙。"这一年，周小妹刚好十五岁，正处情窦初开的年华，面对地位尊贵、才华横溢的姐夫，本就充满崇拜敬仰之情。李煜对周小妹生出别样心思后，将她留在瑶光殿的画堂中居住，这是一个幽静的别院，个中深意不言自明。

　　一日午后，李煜难抑对佳人的思念，独自前往瑶光殿。画堂的宫人见他驾临刚要拜倒，他一挥手，示意众人噤声。周遭一片寂静，他信步走进画堂内院，轻轻推门而入，一股幽香扑面而来、沁入心脾。他轻手轻脚往里走，一直走到内室门口，隔着门扇，看到正在熟睡的周小妹。只见她星眸轻合，面若含笑，光洁润泽的青丝柔顺地铺散在枕头上，清丽素雅的绣衣包裹着她曼妙紧实的身体。李煜无法将视线移开，情不自禁地推门而入。珍珠玉石镶饰的门环发出清脆的撞击声，周小妹闻声醒过来，睡眼惺忪，朦胧中看到眼前站着一个男子，定睛一看，是姐夫李煜。她不胜慌张，立即起身整理仪容，顾不得思考姐夫为何会在自己房间内，只是觉得异常羞赧："不知陛下驾临，请恕小妹仪容不端之罪。"李煜此刻也意识到自己此举唐突鲁莽，有失君主风度，于是笑着说："孤突然造访，惊扰了小妹，罪责在孤。小妹不必拘礼。"不多时，两人便定下心神。周小妹吩咐宫人奉茶，谈笑间，周小妹兴致益然地直视李煜，李煜甚为不解，只听周小妹调皮地说："早听说姐夫一目重瞳，果真如此。"李煜不禁失笑，随即问道："那你可知晓古代还有哪个帝王一目重瞳？""唔，我记得司马迁在《史记》中说过大舜也是重瞳子。"她肯定地回答道。父亲周宗尚在人世时，曾给她讲解过《史记》的内容。"说得不错。"李煜赞赏地点点头。他好久没有这么愉悦地与人交谈，此时，外室只有他们二人，他想借机试探小妹的心意，便委婉地说："舜帝不仅治国有能，而且另有使人敬佩和羡慕之处。""羡慕？敬仰之情小妹理解，但姐夫为何羡慕舜帝？"周小妹疑惑地问道。"姐夫敬仰他是历史上有名的圣君，开创了天下为公、传贤不传子的时代。说到羡慕，他拥有娥皇、女英双姝，享受齐人之福。若孤有此福，此生无憾……"李煜点到即止。

周小妹听到此话，脸顿时涨得通红，心中掀起阵阵波澜。她没想到李煜竟如此直白地说出心意。李煜怕周小妹太难堪，将话题轻轻带过，天南地北地聊起其他。

直到夜幕降临，李煜方回到自己宫中。他的心久久不能平静，他径直走进书房，挥笔写下了一首《菩萨蛮》。

菩萨蛮

蓬莱院闭天台女，画堂昼寝人无语。抛枕翠云光，绣衣闻异香。
潜来珠琐动，惊觉银屏梦。脸慢笑盈盈，相看无限情。

这首《菩萨蛮》是一首颇为大胆的爱情词。其内容不单单是男女私会，还描写了一个男子因按捺不住心中的思慕之情，白天悄然潜入女子的闺房，窥探她的睡颜的事情。若放在一般人身上，这种行为颇有冒犯之意，更何况此人还是妻妹，但李煜身为国君，在后宫畅行无阻，且不论礼数。这首词充分表现了他的情切和意动。

全词由静向动过渡，视角虽大胆开放，但无一丝淫荡猎艳之意，以一种发现美、欣赏美的眼光和情意进行探寻。首先，映入眼帘的是女子铺散在枕边如云般柔软的乌发，在白昼的映照下如"翠云"般光洁；接着，便闻到少女闺房特有的香气，仿佛是熏香，又像混合着衣物的芳香，男子受此香气驱使，觉得女子的一切都是美丽动人的。女子闻声被惊醒后，两人四目相对，转入无声胜有声、眉目传情的氛围。从男子单方面的行动到男女双方的互动，情感上的交汇一气呵成，不加雕琢，含不尽之意于言外。

李煜乘兴写下此词后，仍觉得意犹未尽，思来想去，决定将自己的心意告知周小妹。他左挑右选，最后把这首作品连同一纸信笺装在一个绘有精美梅花图案的柬封内。他忍着心潮澎湃，唤来一名宫人，细细嘱咐一番后，让其避人耳目将柬封送给周小妹。

做完这一切，李煜端坐在椅子上，心中浮想联翩：此举是否过于冲动？她会如何看待我这个姐夫？他一会儿猜想周小妹看到信的表情，一会顾虑周娥皇的态度，心里七上八下、忐忑难安。但他更多的是回想两人午后相会的情景，脑海中不断浮现少女安睡的容颜，贪恋和痴迷战胜了他的理智，传达爱情的纸笺已送去，他的心已被周小妹完全占据。

柬封送到周小妹手上时，她有些讶异，犹豫再三接过后，并未立即打开，她隐约察觉到李煜的用意。从午后的突然来访到意味不明的交谈，再到这封私下遣人送来的书信，聪明伶俐的周小妹早已察觉到其中的异样。尽管如此，她思虑再三，拿着柬封走入内室，鼓起勇气打开了。

周小妹一口气读完信笺，她的心狂跳不止。她一遍又一遍地读那首《菩萨蛮》，脸上再次泛起淡淡的红晕。早知姐夫才气无双，如今领略过后，她不禁为之折服，他所传达的爱慕之情直白且大胆，令人含羞，而文字却字字动人，句句含情。自己在他心中竟如那蓬莱山圣洁的仙子一般？看着李煜在词中细细地描述自己的秀发、衣物和容貌，周小妹心里似喜又忧，国主与姐夫两种身份在她的脑海里不停转换，良久，她仍怔怔地看着信笺发呆。

当晚，李煜与周小妹均彻夜无眠。"情不知所起，一往而深"，这句话形容如今的周小妹再恰当不过。在李煜的才情攻势下，她不知不觉沦陷了，情意的萌动使她的心情如同阳春三月，桃李花开。她被甜蜜的爱恋充盈着，俨然已经忘记进宫的初衷。沉浸在恋爱情绪的李煜与周小妹似乎不约而同地忽略了此时尚在病榻上挣扎的周娥皇，可怜周娥皇懵然不知。

暗通款曲

"有一美人兮，见之不忘，一日不见兮，思之如狂。"《凤求凰》里的这两句歌词，正是李煜如今的真实写照。周小妹的美征服了他，使他牵挂不已。时日渐移，李煜与周小妹的感情日益浓厚，他私下安排了几次与周小妹的相会，选择的都是僻静幽美之处。两人或谈心或谈情，李煜的案牍之苦大有缓解。在日益严峻的形势下，周小妹变成他的另一处避风港，这舒心的感觉似曾相识，恍若昔日与妻子共度时光一般。因顾忌甚多，二人往往相聚匆匆，离别时总是依依不舍。

为了取悦周小妹，增加与她相见的次数，李煜授意在许久不闻乐鼓声的清辉殿举办宴会，特意邀请周小妹出席，自己则满心期待宴会的到来。他们再次忽略了病重的周娥皇，曾经的周娥皇何尝不是宴会中最瞩目的焦点？如今新人胜旧人，而她再也无法为心爱的丈夫翩翩起舞、一展歌喉，甚至连最心爱的烧槽琵琶也无力拨弄了。

周小妹收到宴会邀请后，十分喜悦，尤其知道这是李煜专门为她所设后，更难掩喜色，觉得自己备受呵护。周家两姐妹均长袖善

110

舞、歌喉了得。周小妹认为自己并不逊色于姐姐，她期待在宴会上一展风采，让李煜完全为她倾心。这些天，她用尽心思琢磨着装打扮，最终选择了最喜欢的一身淡绿色长裙，外罩翠色纱衣，腰身微微收窄，恰到好处地勾勒出她玲珑曼妙的身姿。坐在雕花铜镜前，她精心描绘妆容，柳眉杏眼，肤如凝脂，其娇美的容颜令百花失色。

宴会上，周小妹成为全场的焦点，其他宫嫔在她面前相形见绌，就连周娥皇也落得下风。当晚，李煜的注意力一直集中在周小妹身上，片刻也没有分散。

到才艺表演环节时，周小妹选择吹笙。在全场人的注视下，她优雅地起身，走至舞台中央，一袭浅绿色长裙飘逸出尘。她微微一笑，向座上的李煜颔首屈膝道："小妹献丑了。"随后抬起玉臂，朱唇微启，动听的音符缓缓淌出，如同山间流水，时而柔和时而激荡。周小妹的指尖如笋，腕似莲藕，手口配合着，当众人还在回味这美妙的乐曲时，她已演奏完毕，行礼落座。周小妹的演奏广获称赞，李煜也听得如痴如醉。

李煜的目光一直锁定在周小妹身上，二人似乎心有灵犀，周小妹落座后抬头与他对视。两人眼神碰撞，火花四起，李煜大胆直视，周小妹目若秋水。或许是李煜的眼神太过炙热，未几，周小妹便害羞地低下了头，她以出去透气为由，略显慌乱地离开席位。所谓"旁观者清"，两人眼中流露的爱意已经暴露了一切。

李煜看着底下表情不一的妃嫔和官员，淡淡一笑，没有把他们放在心上。一阵歌舞过后，周小妹再次回到席位上，李煜清了清嗓子道："歌舞既过，不如来玩一个小游戏，不知众卿家有何提议？"大家你一言我一语，但李煜都摇摇头："新意不足。"此时，周小妹提议："陛下，羯鼓催诗可好？"

"哦？愿闻其详。"李煜笑道。

"搬来一个羯鼓，命乐师击之，在座众人根据鼓点写诗，曲终诗须成，若作不出来，当罚酒，陛下以为如何？"周小妹笑盈盈道。

"不错，既高雅又有趣，你是如何想到的？"李煜颔首道。

"从唐玄宗'羯鼓催花'①的典故中想到的。今日咱们不催花，改为催诗岂不妙哉。"周小妹娓娓道来。

大家听了纷纷点头称是，赞周小妹奇思妙想。一切准备就绪后，悠扬的羯鼓声响彻大殿，所有参与游戏的人陆续提笔作诗。周小妹也乘兴向李煜举杯敬酒。在酒意的熏陶下，她脸颊微红，更显得明艳照人。李煜愉悦地回敬佳人一杯。两人时而攀谈，时而提笔作诗，恍若一对神仙眷侣。一曲完毕，有的人思如涌泉不止作了一首，有的人搔头苦想一首也作不出来。李煜才气逼人，胸中自有一番丘壑，听着富有独特韵味的羯鼓，再看看座下众人，想起今日举办宴会的初衷，便随着节奏，写下一首《子夜歌》。

子夜歌

寻春须是先春早，看花莫待花枝老。缥色玉柔擎，醅浮盏面清。
何妨频笑粲，禁苑春归晚。同醉与闲评，诗随羯鼓成。

宴会玩乐是李煜最熟悉也颇为推崇的宫廷生活，受父辈影响，他认为举办宴会是高雅之事。这首《子夜歌》抒发的正是及时行乐的人生态度。宴会少不了美人、美酒和歌舞，李煜此次打破了以往开头写人、景、物的惯例，直抒胸臆，以意境和心态起词。他把名

---

① 相传，唐太宗十分喜爱羯鼓这种乐器。在一次击鼓玩乐中，唐太宗听着鼓点，灵感顿至，作一首《春光好》，而庭院中的杏花恰好开放。

句"花开堪折直须折，莫待无花空折枝"① 的意境作为主旨，写出语意相近的"看花莫待花枝老"。确立整首词基调后，再引出宴会种种饮酒作乐的场面描写。

整体来看，这首词的格调不高，能够看出李煜当时是一种纯粹享乐并乐在其中的思想情态。上片开头以劝说的口吻告诫人们要及早欣赏三月春花，等春光逝去花枝凋零时便追悔莫及。这里还有另一层暗喻：不光是春色，人生也很短暂，遇到心爱之人要把握机会，遇到快乐之事同样要及时行乐。

这首词描写了宴会上饮酒赋诗、嬉笑玩乐的场景，紧扣享乐主旨，亦体现出李煜的人生态度，颇有"今朝有酒今朝醉""人生得意须尽欢"的意味。他的这类诗作多创作于前期，是后人诟病的地方，批判他作为一国之君却耽于享乐、缺乏责任心、只沉溺于自己的世界。

人是复杂的。客观来说，从史料的相关记载中可以找出许多关于李煜治国的事迹，如礼敬功臣、善用人才、施行仁政等。但人在不同的阶段有不同的作为与思想感情，李煜与周小妹相爱的时期，他的一言一行似乎都背离了他与周娥皇相处时专情执着的一面；但他求爱周小妹的过程又非常符合他个人的作风，以至于后人评价其深情又多情。李煜与妻妹之间的情感纠葛刚刚开始时，他写了另外两首《菩萨蛮》，尽显其热恋之态。

菩萨蛮

铜簧韵脆锵寒竹，新声慢奏移纤玉。眼色暗相钩，秋波横欲流。

---

① 出自唐代杜秋娘所作《金缕衣》，"劝君莫惜金缕衣，劝君惜取少年时。花开堪折直须折，莫待无花空折枝"。

113

雨云深绣户，来便谐衷素。宴罢又成空，梦迷春睡中。

这首词是李煜和周小妹私会的又一实录，较之前两首，着重描写男女欢情，更为香艳直露。

词的上片，李煜回忆了周小妹演奏乐器时的动人情态，展现了他炉火纯青的语言功力以及极高的艺术修养。他将乐器演奏的美通过文字呈现出来，显示出其对音律较高的鉴赏力。然而"醉翁之意不在酒"，词的第二句他便迫不及待由曲写到人。由此可见，李煜的眼睛紧紧注视着演奏的周小妹。一个"慢"字，道出了李煜的专注，可谓心心念念都在佳人身上，连手指移动的快慢他也看得津津有味，读者见微知著，迅速捕捉到他对周小妹的迷恋和倾心。两人在宴会上暗暗眉目传情，含有一丝诱惑的意味，彼此的情意不加遮掩，"暗相钩""横欲流"都显示了其情感的热烈。李煜的叙述率性真挚，明而不淫。在他看来，这是一份美好的情谊，所以平铺直叙，无须掩饰；而通篇的描述，也流露出两人的互相爱慕之情水到渠成。

词的下片，两人悄然离开宴席，终于在一处僻静精美的殿所中成就了男欢女爱。李煜对此描写得绮丽缱绻，但他的落脚点并不在欢爱之上，情欲的放纵和欢愉固然美好，但过后袭来的空虚和不舍却让人伤感。碍于两人的身份，私会于礼不合。周娥皇垂危，二人却在这种场合私订终身，激情过后，各种滋味涌上心头，一时之间，情感上未得圆满。礼教、身份、亲情、时间、地点都是横跨在两人之间的鸿沟。宴会就要结束了，春宵苦短、良辰易逝，这巨大的情感空虚和落差如何叫人不伤感？前一刻美人在怀，志得意满，转眼间人去怀空，不愿别离却要别离，这种苦涩惆怅与相爱的欢愉形成强烈对比。相思无解，唯有抱着无尽的遐想，希望佳人入梦，再度共赴春光。

李煜在这首《菩萨蛮》中的遣词造句颇有不拘礼制之意，但在当时，属于私密信札，流传到今天，人们以大众的眼光进行审视，不可避免地带有批判之意。唐代民风相对开化，上到皇帝，下到官吏、文人，并不十分拘泥于纲常伦理，即使皇室也有乱伦失德之事流出，有些人甚至作艳诗艳词来描绘自己的风流韵事，与之相比，李煜的大胆直白也就无可厚非了。

热恋中的人恨不得时刻厮守在一处，当出现种种因素的阻隔，感情非但不会淡化，反而更加炽烈。身陷热恋的李煜和周小妹或许曾对周娥皇心怀歉疚，但客观地说，李煜对周小妹的恋情持随性而行的态度，他认为历史上的娥皇女英共侍一夫是美事，不是禁忌，对妻子的愧疚是站在丈夫的角度，而身为君王，他本来就可拥有三宫六院。在李煜心中，周娥皇非他人所能及，他对妻子的深情是真的，对周小妹的迷恋也不是假的。

菩萨蛮

花明月暗笼轻雾，今宵好向郎边去！刬袜步香阶，手提金缕鞋。
画堂南畔见，一向偎人颤。奴为出来难，教君恣意怜。

这天，周小妹用完晚膳后没有像往常一样看书或在院中散步，而是早早躲进房间，宫女们以为她身体不适便伺候就寝。等众人都退去后，周小妹却悄然起床，坐到铜镜前上妆。精心打扮一番后，她抬头看向窗户，静待夜幕降临。月色朦胧，夜雾轻笼。到约定的时间，周小妹轻轻起身，小心推开房门，没有惊动任何人。深夜的庭院里万籁俱寂，花儿正吐露着迷人的芳香，她深深地嗅了一口浮动的暗香，抬起脚步赶往相约的地点。

宫墙的长街寂静无人，只有偶尔听到远处侍卫在走动的声音，因此周小妹的脚步声显得非常突兀。她不禁心慌意乱，定了定神，索性把金缕鞋脱下拎在手里，抬起裙摆，露出洁白的袜子往前轻跑。她终于到了画堂的南畔，一眼便瞧见月下背手站立的人影，他早已在此等待。轻轻唤了一声，那人转过身，她便扑了过去，一头扎进男人坚实的怀抱，这一路的紧张和不安使她仍在轻轻颤抖。

这个神秘又迷人的夜晚呵，多么适合与情郎相会！在这个美好的时刻，李煜和周小妹紧紧相拥。情绪渐渐平复，二人轻声细语地谈话，李煜看她手里还提着金缕鞋，想象眼前的小女子脱了鞋，神情紧张、偷偷摸摸跑出来见他的模样，觉得既让人心疼又不失可爱。他自己又何尝不是呢？身为一国之君，虽有失光明正大，却别有一番滋味，他忍不住轻笑出声。周小妹想着自己不顾女儿家的礼数和矜持星夜出门行幽会之事，李煜却这般笑嘻嘻的，她不由得抬头娇嗔道："奴家好不容易出来一趟，这一路胆战心惊的，陛下还笑话，可真要辜负奴家的一片痴心了。"李煜听了这话，只得再度轻拥佳人，柔声安慰她。

花前月下，二人互诉衷肠，周小妹万般柔情，李煜百般怜爱。这一刻，他不再是君王，她也不再是皇后的妹妹，他们就像人世间许多平凡而互相爱慕的痴情男女，只觉得情话怎么也说不完、道不尽。不知不觉，缱绻的一夜已经过去，相依偎的一对璧人又要分开了，只恨这美好的时刻转瞬即逝。

这首《菩萨蛮》无论是立意、用词还是艺术手法，均为三首之最。词的一开头便营造了迷离又朦胧的氛围，"今宵好向郎边去"一句，暗示了周小妹一直在期待与李煜相聚。她一个弱女子身在皇宫禁苑，只能被动地等待，盼到李煜传来相会的消息，她兴奋雀跃，恨不得马上到心上人身边去。这首词的一大亮点是用词的口语化将女子自然真实的情感流露无疑。周小妹以心相许，甘愿逾越礼教，冒着被人发现的风险奔赴约见，也能让读者感受到这份既紧张又兴奋的心情。

　　人物描写是李煜的强项，在词中，我们看到的只有周小妹吐露爱情心声的情态，她这番动人的模样让李煜念念不忘，最终他把情感转化为文字，字里行间没有一丝雕琢和做作，唯有十足意趣，在动人情思方面，李煜堪称大家。词学大师龙榆生曾在《南唐二主词叙论》中评价此词："其为小周后而作《菩萨蛮》，尤极风流狎昵之至，不愧'鸳鸯寺主'之名。"

　　李煜和周小妹的感情愈发炽烈，卧病的周娥皇终于有所察觉，在并蒂之情与手足之情之间，她将如何抉择？而这一段牵涉三人的爱恨纠葛又该何去何从……

幼子罹难

"新人迎来旧人弃，掌上莲花眼中刺。"① 周娥皇虽然不是弃妇，不是李煜的眼中刺，但女子的直觉告诉她，夫君已经移情别恋了。不知从何时起，丈夫变得行踪不定，由频频守候到每日心神不定，再到两三日露一次面，直至最近，已好几日不见人。

最初，李煜颇为周娥皇的病心焦，周娥皇看着日渐消瘦、神思抑郁的丈夫心疼不已。得知李煜已多日不理朝政，周娥皇劝慰他要以国事为重，不必一直顾念她。李煜当时没有言语，只是用力握紧她的手，柔声劝她好生休息，过几日才有力气起床迎客。她不解地问道："宋朝的使节要来吗？"李煜神秘地笑笑："过些时日，你便知晓了。孤希望你日日都高兴。"

此后，李煜探望的次数逐渐减少，她以为李煜忙于政事无暇分身，加上自己的健康状况堪忧，就没有过多关注。这几日，她的精

---

① 出自唐代白居易《母别子》。

神稍有好转，偶尔听到从别的宫苑中传来乐器演练之声，她以为李煜最近在宴请来访的使者，但她并不确定。

几天后，周娥皇又听见钟鼓琵琶之声，还夹杂着断断续续的歌声，不禁疑惑，挣扎着起身，唤来宫人询问。一问之下，方才得知，原来李煜新近填了几首词，正安排宫廷乐师加紧编曲排练。周娥皇命人叫来一个认字的宫女，嘱咐她把演练的词一字不落地抄下来。未几，宫女便将数页纸交予她，周娥皇定了定神，开始阅看李煜的新词。看完之后，她怔了半晌，任由纸张从手中滑落，脑中不断浮现"相看无限情""雨云深绣户""梦迷春睡中""教君恣意怜"的词句，这些香艳露骨的表白令人羞臊，到底是怎样的女子，让丈夫如此迷恋，为她连赋三首《菩萨蛮》？

回忆往昔，周娥皇不由得黯然，一直以为自己不仅仅是李煜的妻子，更是他的知己，能独占专爱。贵为国后，皇上的妃嫔不止她一人，丈夫仍对她一往情深，他的笔墨为她而洒，她的一颦一笑给他灵感，如今却……想到此，周娥皇心中泛起一抹淡淡的哀伤，难怪李煜最近如此异常，虽然依旧嘘寒问暖，但眼中的爱意明显变淡了。"但见新人笑，哪闻旧人哭？"周娥皇没有哭，因为她仍是后宫之主，自己病重，丈夫临幸其他妃嫔，这本是情理之事，自己应顾大局、识大体，但她无论如何都想不到那个令李煜神魂颠倒的女子竟是自己的妹妹。

直到某日，周小妹前去探视长姐。她犹豫着踏入周娥皇的寝殿。宫人通报后，她进入暖阁，一路上心事重重，看到周娥皇的病容时，周小妹不禁目瞪口呆。面前这个肤色蜡黄、骨瘦如柴的人真的是自己的姐姐吗？曾经明艳照人的姐姐怎么会病得这么重？她鼻头一酸，忍不住快步扑到床榻前唤了一声"长姐"便再说不出话来。

"小妹长大了，过来让姐姐好好瞧瞧。"周娥皇见到妹妹，顿时笑逐颜开，多年不见，妹妹的到来让她喜出望外。记得她离开家嫁入皇家时，小妹才五岁。纵然李煜体恤，但皇室规矩森严，她只回家省过几次亲，上一次见小妹还是三年前。记忆中的稚童如今已出落成美人模样，她非常欣慰，拉着她的手上下打量了一番。

"姐姐，你怎么病得这么重？"周小妹哽咽道。

"小妹别哭，姐姐不妨事。"周娥皇摸着她的头安慰道。她的手不经意触及周小妹的发饰，她定睛一看，发现一些不对劲的地方。小妹这套打扮从上到下所用的几乎都是宫中御用的物料，头饰精美，衣物华贵，显然不是民间人家所用之物，难道……周娥皇联想到近来发生的一些异常，不由得深吸一口气，尽量以平静的口吻问道："小妹何时入宫的？母亲有同来吗？"她紧盯着小妹的表情。

"已进宫多日了，母亲……母亲……"刚一说出口，周小妹便惊觉失言。少不更事的她经长姐一问，便将实话和盘托出，慌乱的神色也被周娥皇看在眼里。

"哦，那是谁接你们进宫的？"周娥皇强忍着晕眩问。

"是……是姐夫。"周小妹声若蚊蝇。

听到这个答案的周娥皇脑袋顿时一片空白，五脏六腑犹如翻江倒海，她心中的哀切和愤恨同时袭来，喉咙像塞了一团棉花，发不出一丁点声音。周小妹的反应以及自己的观察告诉她，妹妹与丈夫之间必定已有所牵连，再想到李煜创作的新词，好一句"雨云深绣户"，好一句"今宵好向郎边去"，这两个自己至亲的人，竟然瞒着她行不伦之事！

想到此，周娥皇不禁急火攻心，几欲昏厥。她强忍怒气，甩开周小妹的手，面无表情地吩咐宫人："送客。"随后便面朝里躺下，不再多看妹妹一眼。周小妹自觉惭愧，看着周娥皇僵直的背影，知道自己的所作所为深深地伤害了姐姐。在宫人的恭送下，周小妹脚步沉重地回到自己的画堂。她左思右想，始终觉得无地自容，便给李煜留书一封，出宫归家了。

周小妹离开后，周娥皇躺在床上痛苦地闭着眼睛，任由无声的泪水夺眶而出。丈夫有新人，并多加宠爱，她能理解也不反对，贵为国后应当心胸宽广。可为何这新人偏偏是自己的亲妹妹呢？他们这种不顾纲常伦理和礼法制度的行为，让她如何自处？妹妹才十五岁，刚到及笄之年，她的清誉、家族的名声，还有丈夫国君的形象，难道都置之不顾了吗？在这内忧外患的形势下，岂不是徒生事端？

罢了，周娥皇黯然叹了口气，自己行将就木，丈夫还如日中天，而妹妹正青春年少，这一切或许是命中注定吧。丈夫必定是真心喜爱小妹才会这般罔顾礼制，显然小妹也能代替自己成为李煜的知己，而作为姨母，想必小妹会好好对待自己的儿子。只是不管如何劝慰自己，周娥皇心里终究意难平。经此打击，她的身心更加颓然，御医已束手无策。

李煜知道自己和周小妹相恋的事已经被妻子发现，心中歉疚不已。看着妻子愁怀难遣、郁结于心的模样，他十分心痛，而周小妹的悄然离去也使他心中苦涩，不过此时已经无暇顾及了。尽管李煜百般抚慰妻子，但周娥皇心中对丈夫始终有芥蒂，面对李煜时，她总是神色木然。

一波未平一波又起。正当周娥皇郁郁寡欢、病情加重时，她最疼爱的小儿子仲宣出事了。自她生病以来，六岁的大儿子仲寓和四岁的小儿子仲宣都被安排在其他殿所居住。一天，小仲宣和往常一样，在佛堂里玩耍。突然，不知从何处蹿出一只大野猫，跳上供台想偷食供品。因仲寓靠得近，害怕得大叫，守候在门边的宫人想把野猫赶走，谁知它一跃，又蹿上了悬挂在高处的琉璃灯上。被野猫猛地一冲撞，琉璃灯剧烈地摇晃起来，本就不甚牢靠的灯扣随即脱落，琉璃灯与野猫一同坠地。只听"砰"的一声巨响，琉璃灯重重地摔落在地上，顷刻间支离破碎，散落一地。野猫早已逃窜，然而目睹全过程的小仲宣却吓得魂飞魄散。他离坠落的地方不远，不少琉璃碎片溅射到他身上，虽然没有受伤，但他面如土色、呆若木鸡。李煜得知后十分担忧，连忙宣太医医治，但小仲宣因受惊过度，从此一病不起，于北宋乾德二年（公元964年）十月离开了人世。

幼子的夭折使李煜悲痛不已，他和妻子一直很怜爱聪明伶俐的仲宣，对他有着殷切的期盼。此时，周娥皇还不知晓幼子已经去世，李煜怕她承受不住失子的打击，暂时隐瞒了消息。但是母子连心，多日未见仲宣的周娥皇还是发觉了异常，一再追问后得知这个噩耗，因难抑悲痛当即昏死过去……

经历了这个重大的打击，周娥皇的病情彻底无望，她的意识逐渐模糊，连睡梦中都哀切地喊着仲宣的名字。李煜看着奄奄一息的妻子，再想起可爱的幼子，同样痛不欲生。因此，他留下一首悼念仲宣的诗。

悼诗

永念难消释，孤怀痛自嗟。

雨深秋寂莫，愁引病增加。

咽绝风前思，昏濛眼上花。

空王应念我，穷子正迷家。

失去幼子的悲痛永远难以释怀，每每想起都犹如万箭穿心，这种心情无处可诉。虽然妻子尚在，但她病体垂危，不忍因自己的悲伤引得她病情加重，唯有独自忍受痛苦。寒风呜咽，仿佛也在思念亡儿；眼前昏茫一片，原来是被泪水遮住了视线。通过诗句，我们可以感受到李煜的哀痛，他崇尚佛教，因此在诗的结尾使用佛祖的尊称，"空王"一词。他将自己比作佛祖之子，希望佛祖能帮助他缓解丧子之痛，不至于在思想上迷失方向。

除了自作悼诗，李煜还下诏书令中书舍人徐铉为仲宣作墓志铭并亲自修改。墓志铭记述了仲宣的数件逸事，赞扬了他机敏好学、恭顺有节的品质，并强调了李煜夫妇的丧子之痛。该墓志铭的铭文如下：

粤我仙源，流光庆延。公族之异，惟王生焉。礼诗仁孝，斯之谓贤。夙昔非学，生知自天。既与之智，胡夺其年。瞻庭兰刈，顾掌珠捐。孟冬寒气，京兆新阡。鼓吹萧萧，旌旐翩翩。跳逸踯于稚齿，閟藩房于夜泉。已焉哉！庶彭殇之一梦，岂没世之无传。呜呼！庭兰伊何，方春而零。掌珠伊何，在玩而倾。珠沉媚泽，兰陨芳馨。人犹沮恨，我若为情。萧萧极野，寂寂重扃。与子长诀，挥涕吞声。噫嘻哀哉！[①]

在这段铭文中，徐铉简述仲宣年幼即有贤能、天性智敏，如"庭兰""掌珠"般珍贵。怎奈天不假年，如此娇嫩的生命就这样停留在寒气逼人的初冬时节。"庭兰"凋落，"掌珠"倾覆，只剩萧瑟无边的原野上新添的一座孤坟。念及与子永诀，不禁涕泪横流。

---

① 出自徐铉《岐王墓志铭》，详见《全唐文·卷八百八十七·徐铉》。

"憔悴如今谁领略，飘零已是无颜色。"① 比起李煜，爱子如命的周娥皇的痛楚只多不少，伤心之余，还常常自责，若不是自己主张将幼子迁至其他殿所，就不会发生这样的事。在重重打击下，她的心理承受能力已达到极限……

---

　　① 出自南宋陆游《满江红·疏蕊幽香》。

失妻之痛

　　爱子仲宣的离世就像一把最锋锐的利刃直插周娥皇的心脏，尽管李煜百般抚慰，周娥皇的悲痛依然无法排遣。不久之后，她陷入昏迷状态，李煜回忆起昔日种种，悔恨交加。他在妻子病重时犯下如此不堪的过错，无论是周娥皇还是周小妹，他都愧对她们的一片深情，幡然醒悟的李煜为了弥补对妻子的亏欠，日夜守候在周娥皇身边，"药非亲尝不进，衣不解带者累夕"。但可惜的是，在同年的十一月，周娥皇还是撒手人寰，此时离仲宣亡故仅仅过了一个月。

　　李煜清楚地记得，那是北宋乾德二年（公元 964 年）十一月的一天，寒风刺骨。天微亮时，昏迷多时的周娥皇微微睁开了眼，伺候的宫女见主子终于醒来，连忙去禀告李煜。李煜大喜，以为妻子的病情有所好转，便用手臂轻轻环靠着周娥皇，准备扶她起来服用早膳，周娥皇却摇头制止了他。之前一直不能释怀的她此时露出久违的笑容，眼神透彻明亮，李煜像预感到什么，怀抱着妻子的手臂不自觉地紧了紧，只听周娥皇有气无力地说："婢子多幸，托质君门，冒宠乘华，凡十载矣。女子之荣，莫过于此。所不足者，子殇身殁，无以报德。"

周娥皇用这番话道出了她的释然。她说自己福泽深厚，能嫁予李煜，托付终身。在夫妻相伴的十年里，李煜对她宠爱备至，让她享尽荣华富贵。她这一生唯一遗憾的是幼子的早夭以及自己将不久于人世，所以她也无法报答李煜的恩德。

听闻此话的李煜早已泪流满面，他的神思飘回大婚之日，忆起周娥皇穿着喜服明艳照人的模样，原来不知不觉间已过去十年。仿佛是心有灵犀，周娥皇这时正吃力地取下大婚当日李煜赠予她的玉环。做完这个动作，她额头上已经冒出密密麻麻的细汗。她强忍着不适，再命宫人取出其最心爱的烧槽琵琶，她用瘦骨嶙峋的手轻抚这件宝物，李煜明白，妻子要与他告别了。果不其然，周娥皇虚弱地对李煜说："这是妾身最心爱的两样物件，如今没有福气再侍奉陛下左右，便将此二物交还，让它们长伴君侧。与君十载，夫妻缘分已尽，就此永诀。"李煜闻言，恸哭不已。周娥皇更命人呈上纸笔，欲写下遗书，但体力不济，只写下"请薄葬"三字。

此后，周娥皇的身体更加虚弱了，李煜寸步不离地守着她。三日后，周娥皇预感自己大限将至，为自己做了最后的准备。身为国后，她不愿蓬头垢面地离去，于是强撑着吩咐宫女替她沐浴更衣、梳头装扮，一切准备妥当后，她和衣躺下，将玉晗放入口中。古人相信玉可以使尸身不腐，因此下葬时有口含玉的习俗，皇室贵族尤其推崇，玉晗的形状一般以蝉为多，称玉蝉，蝉能脱壳，象征重生之意。当日，周娥皇仙逝于瑶光殿，终年二十九岁。

同月，赵匡胤派遣作坊副使魏丕前来吊祭，李煜随后也遣使臣入宋，进贡白银两万两，以及数百件精美的金银龙凤茶酒器具。

北宋乾德三年（公元 965 年）正月，周娥皇的灵柩被葬入懿陵，谥号昭惠，后世称大周后。周娥皇的死带给李煜极大的痛苦，据《南唐书》记载："后主哀苦骨立，杖而后起。"从周娥皇前一年十一月离世到次年正月落葬，短短两个月的时间内，李煜因悲伤过度，瘦得形销骨立，起身时甚至需要借助拐杖。尽管李煜与周小妹早已有情，但李煜对周娥皇的思念和缅怀贯穿了他的一生，"每于花朝月夕，无不伤怀"。

不仅如此，李煜还违背了周娥皇请求薄葬的遗愿，为她举行了隆重的国葬。下葬时，他亲自将烧槽琵琶放进周娥皇的棺椁中，让妻子的心爱之物永远伴随她长眠地下。一向笃信佛教的李煜按照六道轮回的说法，在葬礼上安排许多得道高僧为周娥皇诵经超度，希望她的灵魂得以安息。斯人已逝，留下的是无尽的哀思。《昭惠周后诔》是李煜为了纪念结发妻子周娥皇所写的一篇诔辞，文章感人肺腑，情真意切，句句含情，字字引泪。

昭惠周后诔

天长地久，嗟嗟蒸民。嗜欲既胜，悲欢纠纷。缘情攸宅，触事来津。赀盈世逸，乐鲜愁殷。沉乌逞兔，茂夏凋春。年弥念旷，得故忘新。阙景颓岸，世阅川奔。外物交感，犹伤昔人。诡梦高唐，诞夸洛浦，构屈平虚，亦悯终古。况我心摧，兴哀有地。苍苍何辜，歼予伉俪？

窈窕难追，不禄于世。玉润珠融，殒然破碎。柔仪俊德，孤映鲜双，纤秾挺秀，婉娈开扬。艳不至冶，慧或无伤。盘申奚戒，慎肃惟常。环佩爱节，造次有章。含颦发笑，擢秀腾芳。鬓云留鉴，眼彩飞光。情澜春媚，爱语风香。瑰姿禀异，金冶昭祥。婉容无犯，均教多方。茫茫独逝，舍我何乡？

昔我新婚，燕尔情好。媒无劳辞，筮无违报。归妹邀终，咸爻协兆。俯仰同心，绸缪是道。执子之手，与子偕老。今也如何，不终往告？呜呼哀哉！

志心既达，孝爱克全。殷勤柔握，力折危言。遗情眄眄，哀泪涟涟。何为忍心，览此哀编。绝艳易凋，连城易脆。实曰能容，壮心是醉。信美堪餐，朝饥是慰。如何一旦，同心旷世？呜呼哀哉！

丰才富艺，女也克肖。采戏传能，奕棋逞妙。媚动占相，歌萦柔调。兹簦爱质，奇器传华。翠虬一举，红袖飞花。情驰天际，思栖云涯。发扬掩抑，纤紧洪奢。穷幽极致，莫得微瑕。审音者仰止，达乐者兴嗟。曲演来迟，破传邀舞，利拨迅手，吟商呈羽。制革常调，法移往度。蕴遍繁态，蔼成新矩。霓裳旧曲，韶音沦世，失味齐音，犹伤孔氏。故国遗声，忍乎湮坠。我稽其美，尔扬其秘。程度余律，重新雅制。非子而谁，诚吾有类。今也则亡，永从退逝。呜呼哀哉！

该兹硕美，郁此芳风，事传退祀，人难与同。式瞻虚馆，空寻所踪。追悼良时，心存目忆。景旭雕甍，风和绣额。燕燕交音，洋洋接色。蝶乱落花，雨晴寒食。接辇穷欢，是宴是息。含桃荐实，畏日流空。林凋晚箨，莲舞疏红。烟轻丽服，雪莹修容。纤眉范月，高髻凌风。辑柔尔颜，何乐靡从？蝉响吟愁，槐凋落怨。四气穷哀，萃此秋宴。我心无忧，物莫能乱。弦尔清商，艳尔醉盼。情如何其，式歌且宴。寒生蕙幄，雪舞兰堂。珠笼暮卷，金炉夕香。丽尔渥丹，婉尔清扬。厌厌夜饮，予何尔忘？年去年来，殊欢逸赏。不足光阴，先怀怅怏。如何倏然，已为畴曩？呜呼哀哉！

孰谓逝者，荏苒弥疏。我思妹子，永念犹初。爱而不见，我心毁如。寒暑斯疚，吾宁御诸？呜呼哀哉！

万物无心，风烟若故。惟日惟月，以阴以雨。事则依然，人乎

128

何所？悄悄房栊，孰堪其处？呜呼哀哉！

佳名镇在，望月伤娥。双眸永隔，见镜无波。皇皇望绝，心如之何？暮树苍苍，哀摧无际。历历前欢，多多遗致。丝竹声悄，绮罗香杳。想涣乎忉怛，恍越乎悴憔。呜呼哀哉！

岁云暮兮，无相见期。情瞀乱兮，谁将因依！维昔之时兮亦如此，维今之心兮不如斯。呜呼哀哉！

神之不仁兮，敛怨为德，既取我子兮，又毁我室。镜重轮兮何年，兰袭香兮何日？呜呼哀哉！

天漫漫兮愁云暗，空暧暧兮愁烟起。蛾眉寂寞兮闭佳城，哀寝悲氛兮竟徒尔。呜呼哀哉！

日月有时兮龟蓍既许，箫笳凄咽兮旐常是举。龙輀一驾兮无来辕，金屋千秋兮永无主。呜呼哀哉！

木交枸兮风索索，鸟相鸣兮飞翼翼。吊孤影兮孰我哀，私自怜兮痛无极。呜呼哀哉！

夜寤皆感兮何响不哀？穷求弗获兮此心隳摧。号无声兮何续，神永逝兮长乖。呜呼哀哉！

杳杳香魂，茫茫天步，抆血抚榇，邀子何所？苟云路之可穷，冀传情于方士！呜呼哀哉！

在这篇一千三百余字的诔辞中，李煜忆述了周娥皇的才情与美貌，具体讲述了她重新补全《霓裳羽衣曲》的事迹，称赞她的蕙质兰心，也道出自己对周娥皇的款款深情。诔辞中几乎每一段的结尾都有"呜呼哀哉"四字，李煜内心的悲痛跃然纸上。陆游在《南唐书》中记载，李煜为了将心意传给黄泉之下的妻子，不仅命人把悼文刻在陵园的石碑上，而且焚烧了自己亲手写的诔辞，甚至落款自称"鳏夫煜"。这个称呼大有深意，本意是指无妻或丧妻的男人。

要知道，李煜乃一国之君，他的地位是举国最尊贵的，但在这时，他放下自己国主的身份，犹如一个人世间最平凡的男人，在悼念曾经相濡以沫的亡妻。

除此以外，李煜还在诔辞中表达了自己内心深处的痛苦与哀思。他写到自己时刻都在回想周娥皇的音容笑貌，凡是触及妻子生前用过的物件，哪怕只是一方手帕，他都会陷入往日与周娥皇相处时的点点滴滴中，睹物思人使他痛不欲生。曾经许下的誓言尚在耳边，而那个共许誓言的人已经不在了。李煜不禁在诔辞中诘问苍天，为何要降罪于他，先夺其子后夺其妻，让他如此悲不自胜。更令人动容的是，他形容周娥皇的离世相当于整座宏伟的金陵城没了女主人，如同空城一般。

这篇至情至性、哀感天地的文章感动了许多后人。除了这篇悼文，他还挥洒许多笔墨怀念妻子，其中有诗亦有词。

挽辞

其一

珠碎眼前珍，花凋世外春。

未销心里恨，又失掌中身。

玉笥犹残药，香奁已染尘。

前哀将后感，无泪可沾巾。

其二

艳质同芳树，浮危道略同。

正悲春落实，又苦雨伤丛。

穠丽今何在？飘零事已空。

沉沉无问处，千载谢东风。

通读这两首诗可以看出，李煜并不仅仅缅怀周娥皇一人，他还缅怀小儿子仲宣。前后只相隔约一个月，母子相继离世，他在双重打击下写下这两首挽诗，悼念二人。在诗中，李煜用了很多比喻来形容母子俩故去，如"珠碎""花凋"。明珠何其珍贵，可惜破碎了，自己的心仿佛也碎了；花儿何其娇美，可惜凋谢了，自己的心仿佛也跟着凋谢了，其丧子亡妻之痛跃然纸上。除此以外，还有"艳质"和"芳树"。"艳质"指周娥皇不仅姿容艳丽，且多才多艺；"芳树"比喻仲宣如同一株佳木，将来必有出息。遗憾的是，正当盛年的妻子和茁壮成长的儿子都没能敌过世事无常，相继谢世，徒留下无尽的怅惘与哀思。

瑶光殿是周娥皇的生前居所，李煜曾与她一同在瑶光殿西移植梅花。自她辞世后，殿所便一直空置着。殿内摆设一切如旧，每日都有宫人殷勤打扫，仿佛主人从未离开。此时，殿西的梅花又开了，而周娥皇已逝，李煜有感而作两首梅花诗。

梅花

其一

殷勤移植地，曲槛小栏边。
共约重芳日，还忧不盛妍。
阻风开步障，乘月溉寒泉。
谁料花前后，蛾眉却不全。

这首梅花诗忆述了李煜与周娥皇一同移植梅花的情景。瑶光殿景致优美，是夫妻二人经常相聚游赏之地。他们根据自己的偏好亲自安排殿内的装饰：以销金红罗罩壁，以绿钿刷隔眼，糊以红罗。

殿内布置好了，殿外的意趣也不可缺少，他们想到了移植梅花，思虑一番后，二人将位置选在瑶光殿西边的曲槛小栏边。

诗中还回忆了李煜与周娥皇担心梅花开得不好，特意为梅花设置了挡风的步障；梅花自古迎寒而开，夫妇俩也曾迎寒为梅花浇灌。尽管有宫人代劳，但李煜和周娥皇认为乘着月夜给梅花浇水十分有意趣，风雅十足，两人特别期待来年欣赏寒梅盛放的风姿。

可世事难料，一同观赏梅花盛开的愿望还未实现，周娥皇却已离李煜而去，他每逢想到这个约定就心如刀割。诗的最后一联如同一首凄婉动人的乐曲呜咽声声，绵延不尽让人不禁慨叹，本该是一桩人间美事，却落得如此结局。

其二

失却烟花主，东君自不知。

清香更何用，犹发去年枝。

在这首诗中，李煜用词优美，他将周娥皇比作"烟花主"，盛赞她的品格如寒梅般凌寒留香、独具风采，称得上是百花之主。"东君"指春神，李煜将春天拟人化，她掌管万物生长，在李煜心中，周娥皇的辞世犹如百花失去统领，而春神却不知觉，仍在催生百花。于是，李煜语带谴责地向春神发问，流露出他对妻子身故的扼腕痛惜之情，此去经年，再无"烟花主"。

感怀

其一

又见桐花发旧枝，一楼烟雨暮凄凄。

凭栏惆怅人谁会，不觉潸然泪眼低。

其二

层城无复见娇姿，佳节缠哀不自持。

空有当年旧烟月，芙蓉城上哭蛾眉。

第一首感怀诗虽然只有短短四句，但因李煜频频发出哀音，每一句都饱含着深沉的悲怆之情。每年的四五月份是梧桐花开的季节，因此古人将梧桐花视为清明的节气之花。祭祀活动、宴乐踏春等风俗成为梧桐花独特的文化内涵，也是人们寄托哀思、乡愁的意象。李煜开篇便点明要借助梧桐花传达自己对周娥皇的思念，因为梧桐花从去年到现在见证了他和妻子的生离死别。看着梧桐花萌生新芽，妻子却再没有重生的机会，他不由得慨叹命运的不公。"凄凄""惆怅""潸然"等词的运用十分明确地表达出他无限的哀戚。

第二首感怀诗写得分外凄婉动人。过去，李煜和周娥皇一同度过了许多节日，兴之所至时，他们经常会登上城楼观赏景致。而今，佳节又至，往日常伴身旁的爱妻已经仙逝，徒留自己孤身一人。头顶上的月亮仍如当年一般朦胧晦暗，而月下已经没有夫妻俩恩爱相伴的身影，此番登楼没有感受到节日的欢愉，反而平添了更多悲切，不由得泪洒金陵城头。李煜用传说中的仙境"芙蓉城"指代金陵城，更增添了意境上的幽美。

书琵琶背

侁自肩如削，难胜数缕绦。

天香留凤尾，余暖在檀槽。

这首《书琵琶背》乃是残句续写。早在周娥皇生前，李煜便已写出诗的前两句，此后一直没有填补完整，直到周娥皇离世，触及她的遗物，在旧琵琶的背面看到这首未完的诗。睹物思人的李煜片刻便补全了后两句，诗虽成，两人却阴阳相隔。因此，这首诗隐藏了一段生离死别、物是人非的感人经历。通过李煜的描述，我们仿佛看到周娥皇肩若削成、腰如约素的美人形象，而在她遗存的旧琵琶凤尾形状的尾部似乎还留其特有的芳香。人亡物在，李煜抚摸着架弦上的檀槽，回想起周娥皇怀抱琵琶的模样，宛如余温犹在。填好琵琶背后的诗后，李煜将琵琶随周娥皇的棺木一同下葬，有心爱之物与自己的诗句相伴，周娥皇在九泉之下也不致寂寞。

在周娥皇的祭奠仪式上，李煜看到灵床上的汗巾，这是爱妻生前所用之物，不由得再一次睹物思人。为了抒发自己的哀思，他写下《书灵筵手巾》。

书灵筵手巾

浮生共憔悴，壮岁失婵娟。
汗手遗香渍，痕眉染黛烟。

周娥皇不仅生前是李煜创作的灵感源泉，就连身故后，她使用过的物件、踏过的足迹、曾经的一言一行都牵动着李煜的心。自当上南唐国主的那日起，内忧外患从未停歇，李煜看似身居高位、衣食无忧，然则内心的迷茫和无措却难以诉说，幸好有周娥皇与他同心同德，可奈何壮年丧妻，他的世界仿佛被抽空了。他端详着妻子使用过的汗巾，上面除了有擦的留下的香渍外，还印有青黛画眉的痕迹。她遗留在人间的一切让李煜得到短暂的慰藉，但一想到斯人已逝，他又陷入更大的哀痛中。

暮春时节，许多人还沉浸在游玩踏春的美好中，李煜却感到伤怀：春天即将结束，红花落尽；与爱妻相携度过十个春天，而今只剩自己一人，面对一地落红，心内无限凄凉。不如写一首《采桑子》，让哀思跟随残春的脚步一同归去吧。

采桑子

亭前春逐红英尽，舞态徘徊。细雨霏微，不放双眉时暂开。
绿窗冷静芳音断，香印成灰。可奈情怀，欲睡朦胧入梦来。

李煜在词中塑造了一个为爱相思的美人形象，用美人的肢体、神态代替他感受暮春残景的愁绪。美人迎着落花起舞，不知不觉间触景生情，想到自己红颜渐老、恋人无讯，舞姿步态也变得迟疑起来。正伤心时，天下起了淅淅沥沥的微雨，她的眉头不由得更加紧锁。孤身一人，面对席卷而来的思念无计可施，呆看熏香燃至灰烬，伤情却丝毫未减，被相思折磨得困倦了，那人却又偏偏入梦，搅得美人一夜辗转反侧，难以成寐。美人的心情就是李煜的心情，虚实之间，唯有情真。

周娥皇用短暂的生命点亮了李煜的一生，她把人生最美好的十年奉献给挚爱的丈夫，给他留下许多难忘的回忆。"曾经沧海难为水"，在李煜心中，周娥皇是无可替代的，特别是在她辞世后，更是不可撼动。生前，周娥皇的才情与容貌给李煜带来源源不断的创作灵感；故去之后，痛苦和哀思更激发了李煜深层次的精神震动，正因这些内在的孤独和多愁善感无处宣泄，他才写出许多真挚动人的作品。

李煜的才情对他而言就像一把双刃剑，欣赏的人对他赞不绝口、视若知己，不满的人却把南唐亡国的原因归咎于他的才情，诟病他沉迷儿女情长和风花雪月才落得亡国下场；还有人为他扼腕叹息，如果李煜不是一国之主，而是一介平民，其才情也许可以让他的余生过得霁月风清。但世界上没有如果，李煜的才情与际遇注定了他传奇的一生，为历史留下浓墨重彩的一笔。

李煜的前半生虽有坎坷，但大部分是风花雪月、逍遥自在的。周娥皇的死仿佛牵动了他人生的气运。随着妻子的离世，他逐渐颓然衰败，这种触动带来的影响便是他词风的转变。相对于美好，痛苦更令人印象深刻，南唐的局势从此变得岌岌可危。

第六章

山雨欲来，纵情诗酒

北宋开宝初年（公元 968 年）的南唐在大喜与大惊之间惶惶不可终日。新婚宴尔的李煜在小周后以及后宫美娥的温柔乡里"沉醉不知归路"，而面对虎视眈眈的强宋，他心中又不胜忧恐。于是，他虔心修佛。本欲佛门寻静，孰料佛门藏奸，以致通敌求荣。自此，南唐无可避免地走向衰亡。

剪不断，理还乱

一国之母香消玉殒，悲痛的不只李煜，周娥皇的娘家也一片悲戚惨淡，长女风华正茂却红颜薄命，怎叫人不悲痛呢？自周小妹归家后，其母便知道了她与李煜私相授受一事，免不了多番斥责训诫，严令她不得再进宫。周小妹对自己的所作所为十分后悔，长姐至死不肯再见她一面，遭遇了爱人变心和幼子夭折的长姐最后郁郁而终，周小妹仿佛感同身受长姐当时的痛苦与失望。尽管如此，周小妹对李煜的爱慕之情并没有减少，反而因担忧而愈发炽热。

她担心李煜因长姐的离世而茶饭不思，担心李煜因过分悲痛而不顾及自己的身体。实际上，李煜也没有忘记周小妹，他虽然多情但不滥情，从未想过对她始乱终弃。然而，周娥皇尸骨未寒，他正陷入深深的痛苦与自责中，心里充满矛盾和芥蒂。他不愿、也不能在这个时候迎娶周小妹。但后宫不可一日无首，中宫之位悬缺一段时间后，众多大臣纷纷上奏，要求重新册立皇后。李煜看着众多奏折，不得不审视此事，他心中的人选只有周小妹一人，出于多方面考虑，他决定与圣尊后钟氏共同商议。圣尊后看到儿子心事重重的样子，便安慰道："大臣们的建议无可厚非，后宫不安则前朝不宁，确实该册立皇后。我知你有心病，但人死不能复生，本宫对周家小妹也颇为喜爱，并且她同为周家人，有血缘之亲，想必能好好抚养仲寓。"

圣尊后的话打消了李煜心中的顾虑，不久便有旨意传到周家，命周小妹入宫学习礼仪。

周小妹得知后，欣喜异常。她本已做好与李煜此生不相见的准备，孰料柳暗花明，自己甚至有可能成为李煜的继后。周小妹暗下决心，一定要成为李煜的贤内助，真诚地辅助他、照顾他、爱他。

虽然没有明确的册立旨意，但宫中已经传得沸沸扬扬。周娥皇的丧期过后，李煜便册立周小妹为新任皇后。周小妹入宫后，心性变得更加成熟。她知道自己此行是为了学好宫中礼仪，为成为母仪南唐的国后做准备，所以十分认真和勤奋。

除了学习礼仪，周小妹还要宽慰李煜，侍奉未来的婆母圣尊后，以及抚育长姐的孩子仲寓。她对仲寓视如己出，照顾得无微不至，除了关心日常生活，对他的课业也十分关切，有空的时候还会亲自教导他念书习字，她的懂事与乖巧让圣尊后越发喜爱。

她的端庄言行令宫人们心悦诚服，她的到来也为李煜扫去不少阴霾。有人说新欢是治愈伤心的良药，可周小妹明白，尽管李煜非常喜爱她，但她无法替代长姐在李煜心中的地位。每当李煜缅怀周娥皇时都黯然神伤，不管她如何抚慰也无济于事。

随着时间的流逝，李煜逐渐走出最哀痛的时期。他做好了迎娶周小妹的准备，圣尊后也有意尽快促成这段婚事。但碍于周小妹年龄尚小和周娥皇的丧期未满，他们将婚期定在一年后。结果好事多磨，没过多久，身体一向安康的圣尊后竟然病倒了，病情来势汹汹，虽然李煜和周小妹日日于圣尊后的病榻前殷勤侍疾，但圣尊后还是于北宋乾德三年（公元965年）十月薨逝了。

这对李煜来说又是一个晴天霹雳。至亲接二连三离世，令他陷入极大的痛苦之中。周小妹也十分哀痛，她与圣尊后一向投缘，初入宫便受过她的照拂，经过这段时间的相处，她早已把这个未来的婆母当作母亲般孝顺和亲近。

圣尊后的逝世导致一个客观的现实摆在李煜和周小妹面前：那时，按照礼制规定，凡父母过世，上至皇帝、下至平民，均要守孝三年，居丧期间，不允许儿女婚嫁。等到李煜和周小妹意识到他们还要再等三年才能成婚后，不由得怅惘和心焦。在守孝期间，碍于礼数，他们不能光明正大地相见，仿佛又回到最初相识的时光，相爱却无法相守，犹如牛郎织女隔着银河不能团聚。在惆怅的心境下，李煜写下了这样的诗句：

> 迢迢牵牛星，杳在河之阳。
> 粲粲黄姑女，耿耿遥相望。

这四句残句直白浅显地表达了李煜的所思所想，诗中的"黄姑女"即织女，也暗指周小妹。虽然同在宫中，近在咫尺，但因礼教的束缚，二人不能尽情释放心中的爱恋。

直到北宋开宝元年（公元968年），李煜的守丧期满，他与周小妹的婚期终于提上了日程。这三年，李煜在周小妹的关爱与陪伴下，逐渐走出丧妻亡子失母的阴霾，身体也恢复了元气。耽误了周小妹数年光阴，他内心十分歉疚，想到自己与周娥皇也不过十年夫妻，他希望尽快弥补周小妹这三年的等候。因此，圣尊后的丧期一过，李煜便立即命太常博士陈致雍、学士徐铉和知制诰潘佑一同查考古今礼制，拟定大婚章程，力求务必圆满。陈致雍学识渊博，专掌礼乐、郊庙、社稷等事宜，徐铉与潘佑则是李煜最宠信的大臣，负责从旁协助。

帝后成婚有固定的仪式章程，但李煜和周小妹颇为特殊。且不说李煜是二婚，他与周娥皇成婚时尚未即位，婚礼按照皇子的礼制进行。虽说他现在贵为国君，但和周小妹一样，没有经历过帝后大婚的程序。因此，无论是礼制还是身份，都与他第一次大婚时有所不同。要规定好章程，同时让李煜满意，需要从多方面进行查考和安排，商议的三位大臣不敢怠慢，他们翻阅了历朝历代帝后大婚的礼制，希望从中查到相似案例。

这样的案例并不少，其中两位大臣因此产生了不同意见。这两人就是李煜最看重的徐铉和潘佑。徐铉主张大婚一切从简，理由是如今国家正遭受内忧外患，应当节约国库，避免不必要的铺张浪费。另外，严格来说，周小妹是续弦，如果锣鼓喧天、大肆张扬也不合礼制。身为国主、国后，应该在国家危难之时以身作则、带头节俭，他建议取消大婚的一切演乐。潘佑则不同意，他诘问徐铉为何要取消奏乐。徐铉早有准备，他沉着应答："《礼记·曾子问》曰，'嫁女之家，三日不息烛，思相离也。娶妇之家，三日不举乐，思嗣亲也'。"徐铉根据经典认为，古代的天子大婚，无须奏乐，行祭拜天地之礼即可，因此，取消奏乐既能避免铺张，也符合礼制规范。

"非也，非也，古今习俗多不沿袭，《诗经》有云，'窈窕淑女，钟鼓乐之'。徐大人难道忘了此名句吗？国主大婚，国之喜事，应当昭告天下，与民同乐，演乐是必不可少的。"

两人各执一词，互不示弱，不但没有解决奏乐的问题，而且对其他的礼仪章程也持有不同的意见，最后只得交由李煜裁决。李煜觉得二人都言之有理，一时难以定夺。他既怕铺张太过，影响民心，又怕仪式太过简单，礼数不周，会惹怒神明，导致国势和婚事不顺。

李煜冥思苦想，决定再找一个德高望重、见识多广的大臣来评判。只思虑了片刻，他心里就有了合适的人选，这个人就是文安郡公徐游。徐游的家世大有来历，唐元宗李昪的义父徐温便是徐游的祖父，因徐温的关系，南唐历代君主都对徐氏一族厚待有加。徐游好为文章，能说会道，李煜即位后，封其为文安郡公，凡有疑难不定之处，多与徐游商议。因此，李煜认为此番由他来裁判，再合适不过。徐游为人敏思世故，他默默地听着徐铉和潘佑的辩论，揣度着李煜的心思，他知道李煜喜爱小周后，必然不愿大婚从简。于是，略加考虑后，便告知李煜他的看法，他认同潘佑的意见，并且宽慰李煜，只要拿捏得当，便不会导致民怨。

徐游的一席话如同给李煜吃了一颗定心丸，他确实不愿亏待苦等自己三年的周小妹。若大婚典礼连奏乐都没有，等于告诉别人他不重视新国后，周小妹日后如何统领后宫？况且他曾向周小妹承诺，会风风光光迎娶她。既然决定了要按照礼数来办，就要完整地按所有的流程实施，如议婚六礼①缺一不可，并且要严格执行皇家的礼仪。

尽管李煜与周小妹私相交往已久，但大婚临近，他们也要像所有的订婚男女一般，短期内不能见面，因此，她按照礼节暂时搬回娘家居住。在待嫁的日子里，周小妹满心期待大婚之日的到来。如今她已经十九岁了，距她初次进宫已过了四年，这四年里，她仿佛经历了一轮人生变幻，不再是从前那个懵懂天真的少女。依稀记得长姐出嫁时，同样是十九岁的年纪，如果不是缘分，她怎会兜兜转转，最终还是与李煜共结连理呢。罢了，多思无益，最重要的是能

---

① 纳采、问名、纳吉、纳征、请期、亲迎。

与心爱之人风雨同舟，患难与共，周小妹在心里暗暗对自己说。

李煜委派执事官开始着手准备议婚的六礼。第一道环节是纳采，据《仪礼·士昏礼》记载："纳采用雁。"古代纳采使用的礼品是一对活雁，这个礼仪也被称作"奠雁"。之所以用大雁纳采，是因为雁是候鸟，有季节迁移的特性，冬天飞往南方，夏季飞往北方。送雁是告知女家，适婚女应该像大雁那样择地而居、顺应阴阳，暗合了"男大当婚，女大当嫁"的意思。除此以外，大雁迁徙来去有时，从不失信，且忠贞不贰，在群体里长幼有序，符合儒家对人伦关系的要求。

遗憾的是，李煜与周娥皇的婚期恰逢候鸟迁徙时节，派人找遍了金陵城周围的山林，仍一无所获。有人建议用外形相似的鹅来替换大雁，但熟悉婚嫁礼仪的大臣坚决反对，他们认为大雁是"一夫一妻制"的典范，象征忠贞不渝的爱情，是给予一对新人的最好祝福。李煜为了婚礼有个好意头，传令务必找到大雁，但找了好些时日，最后连一只大雁都没找到，更别说一对了。有些大臣建议来年再举行婚礼，到时气候暖和了，大雁自会返回。李煜连连摇头，他无法再等一年，既然实在找不到，干脆用白鹅代替。

纳采当日，执事官奉命前往女家，行纳采之礼。在他身后，有一个由二人抬起的特制彩亭，一对用红绸捆绑的大白鹅放置在彩亭中。从此，民间便有了鹅礼代替雁礼的做法。

李煜与周小妹的婚事有条不紊地进行，每个环节都由专人负责，力求做到尽善尽美，完成李煜圆满婚礼的要求。李煜与周小妹的婚礼不仅对他二人有深刻的意义，而且对南唐，甚至对当时的形势都产生了影响。

南唐新后

　　北宋开宝元年（公元 968 年）十一月，经过一系列烦琐的议婚过程，李煜与周小妹终于来到最后的迎亲环节。大婚当日，晴空如洗，金陵城一片喜气洋洋，尽管时值初冬，但街上早已挤满了看热闹的人。

　　为了表示对周小妹的重视，李煜特举迎亲之礼，亲自出宫迎接未来的国后。除此以外，李煜还使用规格最高的皇家仪仗迎接周小妹，因此皇宫禁苑中，各宫的宫人天还没亮就开始各司其职地忙活起来。周小妹入宫后的殿所是李煜早已安排好的柔仪殿，在这大喜之日，柔仪殿红光辉映，殿外的横梁挂满了喜庆的红灯笼，门外贴着红对联，殿内摆满金玉珍宝，显得富丽堂皇，各处错落有致地贴着大红"囍"字，正中的案桌上放着一对巨大的红烛。洞房内的床头悬挂着大红缎绣的龙凤双喜床幔，床上堆满了大红被衾，满眼的喜气盈盈。

　　而此时，周小妹早已装扮完毕。她娴静地端坐在铜镜前，等待迎亲队伍的到来，如云飘逸的乌发在头顶盘成发髻，外罩着精致华美的凤冠，流光溢彩的嫁衣映照着她桃花般明艳的容颜，肤若凝脂、红唇皓齿，显得华贵又艳丽。今天是她人生中最重要的日子，尽管婚礼的各种繁复礼节使人劳累不堪，但她一想到能与李煜名正言顺地厮守，脸上便不由自主地漾开了笑意，这一天，她实在等了太久。

良辰已到，大婚的仪仗浩浩荡荡地从皇宫出发。李煜身穿绯红喜服，骑着高头大马昂首前行。这支皇家迎亲队足足延绵了几里路，在队伍最前方的是一对大白鹅。按照礼制规定，新郎迎亲时需要再次"奠雁"，由于李煜用鹅替换雁，"奠雁"变成了鹅礼。这对大白鹅身上披着寓意吉祥的文绣、口衔书信，被放在特制的彩亭里，由宫人抬着走。李煜走在中间，后面的宫人指着各式各样名贵的嫁妆。百姓何尝看过这样喧闹隆重的皇家婚礼，街道两边早已挤得水泄不通。马令在《南唐书》中记载："及迎亲，民庶观者，或登屋极，至有坠瓦而毙者。"为了围观迎亲队伍，有的人甚至因爬上屋顶而坠亡，可见场面之盛大。李煜与周小妹早年的风流韵事在坊间流传已久，他为她所写的香艳词也传到了民间，因此，很多百姓都想一睹"手提金缕鞋"的周小妹。据史书记载，有人见李煜的迎亲队伍如此奢靡豪华，忍不住当街作对联讽刺李煜和周小妹。就连韩熙载以及其他大臣在婚礼翌日大宴群臣时也吟诗讥讽，李煜只是一笑而过，并未追究。

春宵一刻值千金，饮尽杯中合欢酒。大婚当晚，柔仪殿内红烛映照，李煜满心欢喜终抱得美人归，周小妹莞尔娇羞。从今往后，南唐有了新国后，周小妹不再是李煜背后无名分的情人，变成后人口中的小周后。

虽说李煜与小周后成婚后每日柔情蜜意、如胶似漆，但他们心底始终萦绕丝丝不安的情绪，他们会不约而同地想起大周后。李煜是虔诚的佛教徒，每日需要按时做功课。他和小周后终成眷属后，心底再次滋生对亡妻的愧疚，而小周后对于长姐的歉意也始终没有消散。李煜的不安日益滋长，夜里就寝时甚至会产生梦魇。现代科学认为，梦魇是心理作用的影响。但身处古代的李煜只能从迷信的角度去看待这件事，他认为凡事有因必有果，必定是亡妻对他和周小妹的怨念太深，所以冤魂才会萦绕在人世久久不肯离去。李煜在哀痛之余，决定再为亡妻做一场隆重的法事。他请来不少得道高僧诵经念佛，意在超度亡魂，使其早登极乐。法事当天，他和周小妹斋戒沐浴，一同跪经，以表虔诚。

办完法事后，两人消释了负疚心理，齐齐松了一口气。实际上，李煜早在年少时便笃信佛教，其中虽有政治避祸的原因，但佛教确已成为李煜心理层面的寄托。因此，在即位以后，面对宋朝的强硬、国内的纷争，李煜在抑郁苦闷之时，会将佛教视作宣泄渠道。从史料的记载可以看出，李煜经常在宫中举行法会，祈求佛祖庇佑南唐，有大臣劝谏，认为他过于醉心佛事，但李煜置若罔闻，依然如故。周娥皇生前也与他一同礼佛，如今小周后受其影响，除了平日的享乐外，也跟随李煜礼佛。从客观上看，宋朝统一全国是天下之势，无论李煜如何挣扎，败局已定，即使求神拜佛也无济于事。

佛门寻静

据史料记载，李煜自北宋开宝二年（公元 969 年），即与小周后成婚的次年开始大力扶植佛教。他曾颁布了一道诏令，规定凡是能直通都城的州府郡县或者风水宝地都要广建寺庙。除了要求供奉释迦牟尼佛之外，还要造菩萨、四大金刚、五百罗汉等佛像。哪个地方的官员能快速执行诏令，建起庄严的寺庙，就会收到嘉奖，甚至有可能升迁。在这样的鼓励政策下，南唐各州县的佛寺如雨后春笋般拔地而起，当时的南唐被一股广造寺庙的热潮席卷了。如此一来，佛教信众日益攀升，出家的人数也增加了很多，街上随处可见僧人或尼姑。尤其是举办佛教盛事"无遮大会"时，更是万人空巷，这些都得益于李煜的推动，对后世学者研究五代十国时期的佛学文化有深远影响。

由于佛教的兴盛，南唐僧人中不乏有识之士，有的精通书法、绘画，有的擅长诗词歌赋，有的通晓音律，他们多是官场失意的仕人或者官宦人家的子弟，因看破红尘而遁入空门。李煜对这种现象甚是满意，他经常邀请自己欣赏的名僧进宫探讨佛学以及交流文学艺术，对他们礼遇有加。当时，李煜特别敬仰一位名为文益禅师的高僧。这位高僧精通佛学，知识渊博，本在闽国剃度出家，早年曾游历过南唐，还向当时在位的元宗李璟进谏，写过不少宗教文章。因此，每到一处云游讲法，都有许多信众慕名而来。闽国灭亡后，文益禅师便辗转到南唐的抚州。李煜得知后，恭请其至金陵的报恩禅寺居住，并时常前往报恩寺向他请教佛学禅理。文益禅师的文章在南唐各地流传甚广，其中有一篇《宗门十规论》是他专门针对佛门恶劣风气而作。当时的出家人中不乏沽名钓誉、投机取巧之辈，表面上一副僧人模样，暗地里却不守佛门清规，甚至做出许多有辱佛门的行为，文益禅师游历各地，见到不少此类乱象，因而有感而发。

当时还是郑王的李煜看到这篇文章，非常赞赏，十分倾慕文益禅师的学问和为人，特地请长于书法的大臣韩熙载将这篇《宗门十规论》誊写下来，命人刻在石碑上留念。文益禅师不仅对佛学钻研很深，对儒家思想也多有深见，后来创立了中国佛教禅宗五家之一的法眼宗。这个宗派的传承历史不长，但其禅学思想远播日本、韩国及东南亚，在中国佛教史上具有崇高的地位和价值。文益禅师圆寂后，李煜亲自为他立碑，歌颂其功德，文益禅师门下的诸多弟子都曾受过李煜的供养，法号也由李煜御赐。

每当为纷乱的政事烦闷时，李煜恨不得挣脱这牢笼，将万千烦恼丝一刹而尽，做那云游四海的僧人。他羡慕僧人不为红尘所困，欲静则居于深山佛庙或名寺宝刹，喜动则周游天下、阅尽名胜古迹。偏偏他投生帝王家，登上这万人艳羡的至尊之位，可谁能知晓，这对他来说是重重的束缚。

可以说，李煜对于佛学的痴迷是发自内心的热爱。作为一国之主，李煜不仅潜心礼佛、亲做佛事，还从政治和经济上大力推广佛教、广建佛寺、礼敬高僧，体现他对佛学的笃信和护持。他曾一再申明本心："余平生喜耽佛学，其于世味澹如也。"除了问法、参禅，李煜在诗词中也透露出对佛教的见解和体悟。他曾在悼念次子仲宣的《悼诗》中写道："空王应念我，穷子正迷家。"在哀悼大周后的诗作《挽辞》中写道"秾丽今何在？飘零事已空。"除此之外，他在早期也创作了一些体现佛教思想的作品。

病起题山舍壁

山舍初成病乍轻，仗藜巾褐称闲情。
炉开小火深回暖，沟引新流几曲声。
暂约彭涓安朽质，终期宗远问无生。
谁能役役尘中累，贪合鱼龙构强名。

九月十日偶书

晚雨秋阴酒乍醒，感时心绪杳难平。
黄花冷落不成艳，红叶飕飗竞鼓声。
背世返能厌俗态，偶缘犹未忘多情。
自从双鬓斑斑白，不学安仁却自惊。

病中感怀

憔悴年来甚，萧条益自伤。
风威侵病骨，雨气咽愁肠。
夜鼎唯煎药，朝髭半染霜。
前缘竟何似，谁与问空王。

病中书事

病身坚固道情深，宴坐清香思自任。
月照静居唯捣药，门扃幽院只来禽。
庸医懒听词何取，小婢将行力未禁。
赖问空门知气味，不然烦恼万涂侵。

第一首《病起题山舍壁》中体现李煜佛学意识的诗句是"暂约彭涓安朽质，终期宗远问无生"。"彭涓"指彭祖和涓子，都是古代传说中以长寿著称的仙人；"宗远"指宗炳和慧远，是南朝宋代的隐世者和僧人。李煜祈愿自己能长寿并且隐居求佛，有避祸出世之意，是太子李弘冀争位期间的明哲保身之作。

第二首《九月十日偶书》中体现李煜佛学意识的诗句是"背世返能厌俗态，偶缘犹未忘多情"。"背世"指违背世俗，"缘"是佛学中的机缘。李煜写自己虽有出世忘俗的慧根，但始终斩不断红尘情缘。此为李煜妻亡子丧时期的悲观厌世之作。

第三首《病中感怀》中体现李煜佛学意识的诗句是"前缘竟何似，谁与问空王"。"前缘"是佛家用语，指前世天定的因缘；"空王"是佛祖的尊称，来源于佛教"一切皆空"的说法。李煜在此询问佛祖，是不是前世的因果缘分导致他今生遭受失子丧妻、国家危难的种种痛苦，其中的宗教意味甚浓。

第四首《病中书事》中体现李煜佛学意识的诗句是"赖问空门知气味，不然烦恼万涂侵"。"空门"指佛教；"万涂侵"指尘世间的烦恼。李煜写自己平时的烦恼特别多，如果不是懂得一些佛学禅理，恐怕早就被忧愁淹没。这首诗的宗教意味更浓，如首句写自己对佛教信仰很深，即使病体虚弱，仍坚持静坐并享受静坐带来的感觉。

从以上四首诗可以看出，李煜把切身的情感体味、对人生的深度认识及佛学理解融合在文章诗词中。可以说，佛学思想贯穿了他的一生，大起大落的人生经历使他选择了在佛学智慧中寻找内心的平静和解脱。尤其是南唐亡国后，李煜被押解入宋，国主与俘虏之间的巨大落差焕发了他对人生痛苦与迷茫的深刻思考。在被囚禁的岁月里，他以佛学智慧参透生死，所以他的后期作品除了具有独特的凄怆美以外，还具有充满禅意的意象。受佛教思想影响的李煜在其诗词中所塑造的空灵境界使他的作品即使历经千年岁月，依旧长盛不衰，触动人心。

由于李煜对佛教的大力推崇和支持，中国土生土长的道教遭到竭力的遏制，其中也有祖父李昪服食过量丹药而毒发身亡的因素。他除了下令关闭都城和各州县的道观以外，还将一些历史悠久的著名道观改头换面，变成佛教寺院，鼓励女道士剃度为比丘尼，只要是自愿剃度的女道士，即可获二两黄金。他发展佛教、礼敬高僧的种种举动被众多佛教徒视为宣扬功德，一时间其他地区，甚至域外的大批僧尼流向南唐。如此一来，南唐的无业人员越来越多，这些人的衣食住行统统靠国库支出，造成极大的社会隐患。当时，南唐的国库有两项巨额开支，一是进贡，二是建造寺庙、供养僧尼。其间，有大臣接连进谏，李煜龙颜大怒，将他们流放、贬斥。当时，朝内有一位名叫汪焕的校书郎，眼见南唐陷入困境，国主却固守一隅，只一味求神拜佛，他决定冒死向李煜进谏。在给李煜的《谏事佛书》中，他这样写道：

昔梁武事佛，刺血写佛书，舍身为佛奴，屈膝为僧礼，散发俾僧践，及其终也，饿死于台城。今陛下事佛，未见刺血、践发、舍身屈膝，臣恐他日犹不得如梁武也。

汪焕以南朝梁武帝萧衍为例，列举他痴迷佛教的种种行径，譬如刺破手指，血书佛经，把自己弄得蓬头垢面让和尚踩踏，甚至宣称舍身出家，愿做佛祖的仆人等，其虔诚程度比李煜强上百倍，最终落了个国破人亡、饿死宫中的悲惨下场。汪焕认为李煜虽没有梁武帝那般痴狂，但也是罔顾民生国计，若不及时收敛，等北宋大师来犯，只怕下场会比梁武帝更凄惨。李煜看完汪焕直言不讳的奏折后甚为不悦，他几欲发作，但是静心一想，汪焕仅是个校书郎却敢犯颜直谏，其赤胆忠心可见一斑，便未降罪于他。

流连宫闱

    且说李煜与小周后成婚后，他每日的趣味也多了起来。小周后姿容姣好，神情亦佳，才思机敏，李煜对她得到十分宠爱，有人说她的恩宠超过了姐姐周娥皇。据史料记载，为了讨她的欢心，李煜在移风殿建造了一座别出心裁的花房。移风殿是两人旧时经常私会的地方，因此，李煜特意在此建花房。花房装饰得十分奢华，以红罗朱纱糊窗，用宝石镶嵌窗格。与众不同的是，花房中培育了各式各样名贵的花卉，有牡丹、芍药、兰花等奇花异草，花房外还种植了大片梅花。据《清异录》记载，待到春季百花绽放时，李煜便命人将造工精美的隔筒插满各色鲜花，放置或悬挂在花房的台阶、窗户、墙壁和梁柱上，并赐"锦洞天"的雅号。他还在御花园内选取了一处群花围绕之地建造一座亭子，亭子四周用昂贵的金线红丝罗帐罩盖，在阳光下熠熠生辉；更用精美的玳瑁和象牙作钉固定罗帘，雕刻极为华丽。亭内仅可容纳两人，有一供坐卧的榻床，榻上铺满簇锦团花的丝织品，一片流光溢彩。李煜与小周后常置身其中，或赏花对饮，或寻欢作乐。

小周后在文采方面稍逊大周后，但她在生活情趣方面涉猎广泛，譬如调香、制香等，在她的宫中，有专职的主香宫女负责香料事务。在小周后的指示下，主香宫女选用麝香、丁香、檀香、沉香等贵重原料，制造了一批精品熏香。小周后还亲制焚香器皿，材质非金即玉，样式各异，奇巧精妙。根据形态，她将这些器皿名为容华鼎、三云凤、把子莲、小三神、玉太古、凤口罂等，多达数十种。因此，在柔仪殿内，无论昼夜香炉总是飘烟，白天小周后和李煜端坐在烟雾缭绕的垂帘中，或对弈或谈笑，乐而忘忧；就寝时，小周后吩咐宫女在睡帐中用鹅梨蒸香。鹅梨蒸香散发出淡淡的幽香，安神助眠，被小周后称为"帐中香"。

李煜见小周后的"帐中香"如此美妙，也兴致勃勃地宣称要造一种新式香料，与小周后的"帐中香"比试一番。没过多久，李煜便通过观察妃嫔、宫女的服装样式，想到一种与香味有关的新颖化妆品——花饼。花饼由上好的茶油花子制成，形状各异，大小不一。李煜还举办了成品实验大会，命几位宫嫔化淡妆着素衣，鬓角饰以金丝，然后在额上印上花饼之形，称为"北苑妆"。行走之间，衣袂翩翩，摇曳生姿，一眼望去，好比月宫仙子，飘逸出尘，别具风韵。这种新鲜又好看的"北苑妆"随即风靡后宫，妃嫔，甚至官宦人家的女眷都争相效仿，李煜也乐得与小周后钻研各种新奇的玩意，厮守在一处。

小周后与周娥皇一样，在穿衣打扮上有独特的喜好与品位。她十分钟爱青碧色，无论是衣襟裙裾、钗环首饰还是褥枕帐幄，甚至古董珍玩，许多都带有青色。李煜也十分喜爱她一袭碧色长裙的模样，以至于后宫妃嫔、宫女都纷纷效仿小周后，一时之间，宫中满眼皆碧。不仅如此，有的妃嫔为了讨李煜欢心，别出心裁地对绢帛进行染色，染出不同层次的青色。曾有一个宫女把绢帛染成青色后便晾晒起来，但她却忘了当天收衣，直到第二天才想起去收，绢帛经过一夜，早已被露水沾湿。等她赶去一看，惊喜地发现绢帛不但没有褪色，反而更加鲜明碧绿，比平常的绿色更加清亮。李煜与小周后见了，也赞叹不已。自那以后，无论妃嫔还是宫女都采用露水染色，为绢帛增添自然的风致，而这种绿色也被称为"天水碧"，欧阳修还写有"夜雨染成天水碧"① 之句。

除了生活用品以外，李煜和小周后在膳食方面也花了很多心思。他们发现，外族人所产的物品中有不少气味芬芳的食材，比如牛乳、羊乳等，于是将它们收集起来，经过烹制或风干，制成饼饵等易于保存的调料，烹煮起来，清芬扑鼻。这些食材当调料可以烹煮成佳肴，加水可以做成美味的羹汤，均芳香四溢，令人回味无穷。李煜还饶有兴致地为新研发的每种肴馔取名，并制作食谱，详细记录菜肴的烹调方法。李煜和小周后还经常举办宴会，让皇亲贵胄、心腹大臣与他们一同品尝新制菜色。在御厨的精心烹调下，一道道新式佳肴搭配着美酒呈上，世人称其为"内香筵"。

宫廷宴会自然离不开歌舞。小周后对音律和舞蹈十分擅长，从不吝啬为李煜高歌献舞，因此，宗室大臣们也有幸观赏小周后的歌喉与舞姿。李煜非常喜爱她疏朗的性情，小周后姿态大方，对于后宫其他妃嫔同样如此。她从不因李煜临幸其他妃子而争风吃醋，或者加以干涉，所以妃嫔们都很尊敬她。有如此善解人意、通情达理的国后，李煜甚觉欣慰，对她愈加宠爱。但后世也有人将她与大周后相比，认为小周后在劝诫国主方面无所作为，大周后生前虽然也与李煜相伴作乐，但时常劝诫李煜关心政事、不应沉迷声色、奢侈

---

① 出自北宋欧阳修《渔家傲·粉蕊丹青描不得》。

无度。反观小周后，与李煜沉迷玩乐，一应物品十分豪华，因此有人评论，她的不作为助长了后宫靡烂的风气，使李煜愈加贪图享乐。

由于小周后对李煜流连后宫、耽于玩乐没有多加劝阻，有更多的宫嫔想方设法、施展浑身解数来吸引李煜的注意。有一个名叫流珠的宫女，工于琵琶，她除了爱慕李煜也十分敬仰大周后，对大周后生前即兴创作的《恨来迟破》和《邀醉舞破》两首乐曲更是顶礼膜拜，视大周后为知音。但大周后亡故后，小周后入宫，演奏这两首曲子的人寥寥无几。流珠却是例外，她曾经抱着琵琶日夜苦练，即使大周后故去，她仍私下练习，如今其流利纯熟的指法甚至能与大周后相媲美。

在流珠看来，不管李煜与小周后如何恩爱快乐，对于大周后，李煜必定铭记于心，永世难忘。流珠静静等待这个机会，终于有一天，机会来了。李煜度过最哀痛的时期后，闻得宫中有人十分擅长演奏亡妻的乐曲，便招来赏听。果然，当流珠弹出那熟悉的旋律后，李煜立刻陷入对往事的追忆。之后，他便经常召流珠演奏。每次听罢，他总是泪眼迷蒙，流珠这时总会轻轻地安慰他，更不失时机地上前为李煜拭泪，久而久之，流珠被晋升为嫔御。

李煜笃信佛教是众人皆知的。后宫中有一位乔姓妃嫔，苦恋李煜多年。她识文断字，写得一手好书法。她为了投其所好，闭门抄写佛经，每抄完一本佛经后，都会精心装订成册，用上好的丝织物包裹好，敬献给李煜。她长年累月地向李煜献经，引起李煜的注意。李煜最初见她字迹娟秀端庄，颇有好感，后来见她沉心剑欲，坚持抄经，为她的诚心打动。与她谈论了几次后，李煜在她身上感受到难得的平静，相会次数也逐渐增多。两人或闲聊，或交流佛学，颇有知音之感。

又一次收到乔氏抄写的佛经后，李煜不禁仔细翻阅，还认为乔氏抄写的水平有所精进，看她如此诚心，不禁起了动笔的念头，决定给乔氏回以一礼。他命人取来纸笔，在精美的纸张上，用毛笔沾上金粉，抄写了一卷《般若心经》。他的书法灵动飘逸，笔势雄健洒脱，极具震撼力。乔氏收到李煜亲自抄写的佛经后，既惊讶又感动。她轻轻地摩挲着上面的字迹，金粉在光线的照耀下光彩夺目，颇显国主的气度。她非常珍爱这本佛经，将它谨慎保管。南唐亡国后，宫人大多遭到遣散，她被迫纳入宋太祖后宫，尽管前途未卜、路途艰辛，她也将这本佛经奉若珍宝。李煜逝世后，她将这本经书捐给相国寺，为他祈求冥福。她在佛经的末尾题书写道：

故李氏国主宫人乔氏，伏遇国主百日，谨舍昔时赐妾所书《般若心经》一卷在相国寺西塔院。伏愿弥勒尊前，持一花而见佛……

乔氏在题书中仍自称"妾"，其情深凄婉不禁让人慨叹。这本经书后来被江南的僧人护送回故国南唐，放置于天禧寺塔的相轮中，即佛塔的中段位置。神奇的是，寺庙遭遇了一场大火，相轮跌落火中，火被扑灭后，僧人们发现这本经书竟完好无损。后又几经波折，因岁月的磨蚀，纸张损毁严重，未能保存下来。

除了乔氏，李煜后宫中还有一位名叫薛九的宫人。她出身富贵，能歌善舞，尤其有一副好歌喉令人惊艳。据史料记载，她的嗓音婉转动人，如流觞曲水。她十分倾慕风度翩翩、才华横溢的李煜，但她的地位低，与高高在上的李煜隔着鸿沟，于是只希望自己能为李煜献歌，让他听到自己的歌声，排解片刻的烦忧。李煜曾填过一首《嵇康曲》，原词已散失。薛九十分钟爱这首曲子，为了有朝一日能在李煜面前演唱，她总是专心致志地练习。歌唱熟练后，她又为这首曲子配以不同的乐器演奏，使这首曲子的内涵更加丰富。乐曲成形后，她又为这首曲子设计了一套高雅的舞蹈，名为《嵇康曲舞》。

薛九的用心，李煜略有耳闻，他曾听过薛九演唱的《嵇康曲》，确实悠扬动听。他非常期待薛九据此而编排的舞蹈。于是，在一次宴会上，李煜命薛九献《嵇康曲舞》。乐曲响起后，只见薛九莲步轻移如燕子伏巢、旋转跳跃似游龙惊鸿，令在场之人叹为观止。事后，薛九得到李煜的宠幸，时常与李煜演练新曲、编排舞蹈。

南唐亡国、李煜被俘后，薛九经历了一段颠沛流离的生活，最终做了洛阳福善歌舞坊的歌女。薛九一直心怀李煜，特别是在他离世后，时时想起那一首《嵇康曲》，但她不敢在宋人的统治下光明正大地怀念故主，于是，她以自己的感念将《嵇康曲》重新填词、编舞。

嵇康小舞词

薛九三十侍中郎，兰香花态生春堂。
龙蟠王气变秋雾，淮声哭月浮秋霜。
宜城酒烟湿羁腹，与君试舞当时曲。
玉树遗词莫重听，黄尘染鬓无前绿。

据明代顾起元所撰《客座赘语·卷六》记载："薛九，江南富家子……江南平，零落江北，逢人歌此曲，尝一歌，座人皆泣。钱易为嵇康曲舞词。"易词后的《嵇康曲》凄婉悲凉，在座的客人虽是第一次听，却为薛九动人的歌声和悲戚的歌词而落泪。他们不知，这歌声中隐藏着国破家亡、亲友凋残，更隐藏着她逝去的一段爱恋。唐代杜牧在《泊秦淮》中写道："商女不知亡国恨，隔江犹唱后庭花"，而薛九正好相反，她用歌声唱尽山河破碎，唱尽离人血泪。

除了上述宫嫔，据正史及野史记载，李煜的后宫还有保仪黄氏，妃子江氏，宫人庆奴、秋水、小花蕊等。这些美丽的女子在历史长河中只留下只言片语的足迹，但从仅有的史料中可以看出她们对李煜是付有真情的。历史上许多亡国之君在敌国兵临城下时，都会命宫妃自裁殉情，然而李煜没有，他只是就地解散了后宫，让她们自由选择去向。除了小周后和黄保仪等位阶较高的妃嫔外，不少宫中女子毅然跟随李煜入宋。此等忠贞，令人动容。李煜把大部分的爱给了大周后和小周后，但这些如花似玉的生命也曾经努力地为他绽放过，哪怕很短暂。

忌惮难消

北宋开宝三年（公元970年）九月初一，赵匡胤命潭州防御使潘美为贺州道行营兵马都部署，率十州兵长驱南下，对南汉发起进攻。在五代十国中，南汉是一个颇为特殊的国家，它的政权足足延续了六十七年，比整个五代十国的历史都长。唐昭宗乾宁元年（公元894年），封州刺史刘谦去世，其子刘隐随后接任，掌管岭南（今广东、广西以及越南北部）全境。后梁贞明三年（公元917年），刘隐之弟刘陟称帝，建立南汉。立国初期，由于有一系列措施，南汉的社会相对安定、经济繁荣，其疆土也日益扩大，高峰时期的人口多达数百万，拥有精锐的重甲象军数十万。但到了北宋预备南征时，由于南汉朝廷腐败以及统治者荒淫无度导致国势衰微，其政权已经摇摇欲坠，而志在统一全国的北宋必然不会放过这样的大好机会。

纵观中国历史，两宋的军事战斗力相对孱弱，包括北宋中后期，经常处于被动挨打的局面，以至于在历史上有"弱宋"一说。但在开国初期，宋军战斗力颇强，尤其是在赵匡胤的率领下，逐一荡平各地割据政权，最后获得统一战争的胜利。这个时期以潘美、曹彬为代表的宋将领、士兵表现得十分勇猛卓越。在统一全国的过程中，宋朝消灭南汉割据政权具有非常重要的意义——为平定南方诸国中实力最强的南唐奠定了基础。

北宋开宝三年（公元970年），宋将潘美率重兵南下征伐的第一站便是南汉的重镇贺州（今广西壮族自治区贺州市）。与进贡称臣的南唐不同，南汉民风彪悍，拒不称臣。南汉统治者虽昏庸无能，但得知宋军入侵后，毫不犹豫地组织抵抗，除了尚武的原因外，还因他们握有战斗力强劲的重甲象军。

贺州当地的军队主要来自两广地区的民兵，战斗力强，但人数不多。于是，南汉朝廷当即对贺州增派三万兵马。潘美自知作为外敌入侵，必将激发南汉军本土作战的士气，他便假装多线撤退，引诱南汉众兵分路追击宋军，达到分化其战斗力的目的，再设埋伏群起而攻之。南汉军果然上了当，发现宋军撤退后，对其穷追不舍。当南汉士兵完全进入宋军的伏击圈后，埋伏许久的宋军一拥而上，大败南汉五万兵马，贺州随即失守，南汉腹地门户大开。

南汉闻知贺州惨败后，宋军欲转兵韶州。有部分南汉官员建议投降，后主刘铢认为重甲象军主力尚在，不愿过早放弃，于是调动十多万重甲象军前往韶州迎战。韶州之战是宋朝攻打南汉最关键的一役。在此战中，宋军攻破了南汉战斗力最强的重甲象军，使南汉最坚实的军事防线崩溃。

韶州的失守使南汉都城彻底暴露于宋军眼前，北宋开宝四年（公元971年）二月，南汉宣布投降。

南汉的覆灭使赵匡胤的统一道路越加平坦。能摘下这颗胜利的果实，李煜"贡献"了一份力量。北宋乾德四年（公元966年），圣尊后去世未满一年，李煜正处于哀痛之中，彼时他收到赵匡胤的旨意，旨意中要求他给南汉写一份劝降书。赵匡胤给李煜下的这道旨意大有试探之意，除了试探李煜的忠心外，更重要的是离间南汉与南唐，因为赵匡胤知道南汉民风彪悍，如若南汉朝廷收到南唐此信，必定勃然大怒。只要南汉与南唐交恶，到时他便可坐收渔翁之利。李煜虽然颇感屈辱，但为了南唐的苟安他不得不写下这封信。

同年八月，李煜命心腹重臣潘佑作劝降书，然后派使者持书谕前往南汉。南汉后主刘铱收到信后，迟迟没有回信，李煜便知他不从，十分为难。他认为刘铱的反抗只会加速南汉灭亡，于是以朋友之名、行朋友之义，派遣给事中龚慎仪私下前往南汉，再给刘铱送了一封劝说信，其文如下：

为李后主与南汉后主第二书

煜与足下叨累世之睦，继祖考之盟，情若弟兄，义同交契。忧戚之患，曷常不同？每思会面抵掌，交议其所短，各陈其所长，使中心释然，利害不惑，而相去万里，斯愿莫申。凡于事机，不得款会，屡达诚素，冀明此心；而足下谓书檄一时之仪，近国梗概之事，外貌而待之，泛滥而观之，使忠告确论，如水投石，若此则又何必事虚词而劳往复哉？殊非凤心之所望也。今则复遣人使，馨申鄙怀，又虑行人失辞，不尽深素，是以再寄翰墨，重布腹心，以代会面之谈，与抵掌之议也。足下诚听其言，如交友谏争之言，视其心如亲戚急难之心，然后三复其言，三思其心，则忠乎不忠，斯可见矣，从乎不从，斯可决矣。

昨以大朝南伐，图复楚疆，交兵已来，遂成衅隙。详观事势，深切忧怀，冀息大朝之兵，求契亲仁之愿，引领南望，于今累年。

昨命使臣入贡大朝，大朝皇帝累以此事宣示曰："彼若以事大之礼而事我，则何苦而伐之。若欲兴戎而争我，则以必取为度矣。"见今点阅大众，仍以上秋为期，令敝邑以书复叙前意，是用奔走人使，遽贡直言。深料大朝之心非有唯利之贪，盖怒人之不宾而已。足下非有得已之事，与不可易之谋，殆一时之忿而已。

观夫古之用武者，不顾大小强弱之殊，而必战者有四：父母宗庙之仇，此必战也；彼此乌合，民无定心，存亡之几，以战为命，此必战也；敌人有进必不舍，我求和不得，退守无路，战亦亡，不战亦亡，奋不顾命，此必战也；彼有天亡之兆，我怀进取之机，此必战也。今足下与大朝，非有父母宗庙之仇也，非同乌合存亡之际也，既殊进退不舍、奋不顾命也，又异乘机进取之时也。无故而坐受天下之兵，将决一旦之命，既大朝许以通好，又拒而不从，有国家利社稷者，当若是乎？

夫称帝称王，角立杰出，今古之常事也。割地以通好，玉帛以事人，亦古今之常事也。盈虚消息，取与翕张，屈伸万端，在我而已，何必胶柱而用壮，轻祸而争雄哉？且足下以英明之姿，抚百越之众，北距五岭，南负重溟，藉累世之基，有及民之泽，众数十万，表里山川，此足下所以慨然而自负也。然违天不祥，好战危事，天方相楚，尚未可争。若以大朝师武臣力，实谓天赞也。登太行而伐上党，士无难色；绝剑阁而举庸蜀，役不淹时。是知大朝之力难测也，万里之境难保也。十战而九胜，亦一败可忧；六奇而五中，则一失何补？

况人自以我国险，家自以我兵强，盖揣于此而不揣于彼，经其成而未经其败也。何则？国莫险于剑阁，而庸蜀已亡矣；兵莫强于上党，而太行不守矣。人之情，端坐而思之，意沧海可涉也，及风涛骤兴，奔舟失驭，与夫坐思之时，盖有殊矣。是以智者虑于未萌，机者重其先见；图难于其易，居存不忘亡，故曰计祸不及，虑福过之。良以福者人之所乐，心乐之，故其望也过。祸者人之所恶，心恶之，故其思也忽。是以福或修于慊望，祸多出于不期。

又或虑有矜功好名之臣，献尊主强国之议者，必曰慎无和也。五岭之险，山高水深，辎重不并行，士卒不成列。高垒清野而绝其运粮，依山阻水而射以强弩，使进无所得，退无所归。此其一也。又或曰彼所长者，利在平地，今舍其所长，就其所短，虽有百万之众，无若我何。此其二也。其次或曰战而胜，则霸业可成，战而不胜，则泛巨舟而浮沧海，终不为人下。此大约皆说士孟浪之谈，谋臣捭阖之策，坐而论之也则易，行之如意也则难。何则？今荆湘以南，庸蜀之地，皆是便山水、习险阻之民，不动中国之兵，精卒已逾于十万矣。况足下与大朝，封疆接畛，水陆同途，殆鸡犬之相闻，岂马牛之不及？一旦缘边悉举，诸道进攻，岂可俱绝其运粮，尽保其城壁？若诸险悉固，诚善莫加焉。苟尺水横流，则长堤虚设矣。其次曰，或大朝用吴越之众，自泉州泛海以趋国都，则不数日至城下矣。当其人心疑惑，兵势动摇，岸上舟中，皆为敌国，忠臣义士，能复几人？怀进退者，步步生心，顾妻子者，滔滔皆是。变故难测，须臾万端，非惟暂乖始图，实恐有误壮志，又非巨舟之可及，沧海之可游也。

然此等皆战伐之常，兵家之预谋，虽胜负未知，成败相半，苟不得已而为也。固断在不疑。若无大故而思之，又深可痛惜。且小之事大，理固然也。远古之例，不能备谈，本朝当杨氏之建吴也，亦入贡庄宗。恭自烈祖开基，中原多故，事大之礼，因循未遑，以至兵交，几成危殆。非不欲凭大江之险，恃众多之力，寻悟知难则退，遂修出境之盟。一介之使才行，万里之兵顿息，惠民和众，于今赖之。自足下祖德之开基，亦通好中国，以阐霸图。愿修祖宗之

164

谋，以寻中国之好，荡无益之忿，弃不急之争。知存知亡，能强能弱，屈己以济亿兆，谈笑而定国家，至德大业无亏也，宗庙社稷无损也。玉帛朝聘之礼才出于境，而天下之兵已息矣，岂不易如反掌，固如太山哉？何必扼腕盱衡，履肠蹀血，然后为勇也。故曰德輶如毛，鲜克举之，我仪图之。又曰知止不殆，可以长久。又曰沉潜刚克，高明柔克。此圣贤之事业，何耻而不为哉？

况大朝皇帝以命世之英，光宅中夏，承五运而乃当正统，度四方则咸偃下风，猃犹太原固不劳于薄伐，南辕返斾，更属在于何人。又方且遏天下之兵锋，俟贵国之嘉问，则大国之义，斯亦以善矣，足下之忿，亦可以息矣。若介然不移，有利于宗庙社稷可也，有利于黎元可也，有利于天下可也，有利于身可也。凡是四者，无一利焉，何用弃德修怨，自生仇敌，使赫赫南国，将成祸机？炎炎奈何，其可向迩。幸而小胜也，莫保其后焉，不幸而违心，则大事去矣。

复念顷者淮泗交兵，疆陲多垒，吴越以累世之好，遂首为厉阶。惟有贵国情分逾亲，欢盟愈笃，在先朝感义，情实慨然，下走承基，理难负德，不能自已，又驰此缄。近负大朝谕旨，以为足下无通好之心，必举上秋之役，即命敝邑，速绝连盟。虽善邻之怀，期于永保，而事大之节，焉敢固违。恐煜之不得事足下也，是以恻恻之意，所不能云，区区之诚，于是乎在。又念臣子之情，尚不逾于三谏，煜之极言，于此三矣，是为臣者可以逃，为子者可以泣，为交友者亦惆怅而遂绝矣。

这篇两千余字的劝降信内容很简单，读者除了能欣赏到李煜一贯的文采飞扬之外，更重要的是可以从中窥探出李煜的思想和态度。此信是在李煜的授意下，由中书舍人潘佑代笔，最后由他加以润色。在信中，李煜对刘鋹说，宋朝并非要真的消灭南汉，只是南汉未将宋朝视为正统，未尽宾礼之数，因而触怒了赵匡胤。他还列举了数个原因，阐述了南汉没有必要与宋朝开战，他认为现阶段不愿称臣只是刘铱的一时之愤而已，他劝说刘铱要以宗庙社稷为重，只要向宋朝纳贡称臣，江山百姓才能安稳，若开战只会血流成河，列祖列宗建成的德业也将会毁于一旦。

李煜以自身为例，叙述了南唐虽有长江天险，也挡不住大国的雄威，最后还是要割地称臣才能息兵罢战，因此南汉也不能因地势险要偏远而自负，因为宋朝的军事实力实在强大。李煜还借用《道德经·第四十四章》的"知止不殆，可以长久"劝说刘铱，称国之存亡只在一念之间，贤明的君主只要懂得适可而止，就不会让社稷百姓陷入危险。

刘铱本就昏庸无能、狂妄至极，看到李煜的劝降信后，怒不可遏。他不但将龚慎仪扣留，更是给李煜回信，字里行间透露着无礼蛮横。李煜收到信后将刘铱的回信上奏给赵匡胤，传达了南汉不愿臣服的态度，赵匡胤遂下定决心出兵南汉。数年后，南汉灭亡，龚慎仪才得以回国。

从客观来看，李煜信中的内容透露出他对战争的态度，即尽一切办法息事宁人，符合史书中对他性格的评价——"好生戒杀"。在他的观念中，只要君主愿意臣服，便能保住祖宗的基业。因此，他宁愿割地进贡，也不愿意看到生灵涂炭、宗庙被毁。但偏安一隅只能苟一时之安，赵匡胤野心勃勃，谋求统一才是当时的天下之势，不管李煜如何避祸，南唐的结局仍是覆灭，因此他写给南汉的劝降信难免体现出他的天真与自欺。

但无论如何，宋朝欲攻打南汉的意图让李煜大有唇亡齿寒之感，于是在写劝降信的次年，即北宋乾德五年（公元967年）春，李煜命中书舍人、两省侍郎、给事中、谏议大夫、集贤勤和政殿的学士等轮流到光政殿值班，以咨政事。官员们博古论今，针砭时弊，陈述时政，常常与李煜讨论到深夜。李煜还记得，那时有一位官员把所有振兴南唐的建议归纳成十条：一、国君须勤于政事，并亲自决断；二、选贤任能，使百官各司其职；三、处事果断，赏罚分明；四、禁止大臣越权干政；五、明辨是非、忠奸；六、轻徭薄赋，解民忧、纾民困；七、广开言路，从谏如流；八、亲贤远佞，不听信谗言；九、节俭爱民；十、和睦邻邦。

这十条建议固然都是振国兴邦的好策略，但在当时都是纸上谈兵，真正实行起来困难重重。南唐朝廷并非人人忠心为主，如宋齐丘以及"五鬼"等佞臣奸小也为数不少，加上李煜并没有秦始皇、汉武帝、唐太宗那样大刀阔斧改革的魄力，一时的心血来潮没过多久便消散了。然而此时宋朝步步紧逼，李煜就算有心也无力去实现臣工们的建议。一段时间后，李煜逐渐恢复了得过且过的步调。

小周后酷爱对弈，精通象棋和围棋，平时闲来总会拉着李煜陪她下棋取乐，打发时间。早在二人尚未成婚时，就时常下棋，对弈的时间很长，通常一两盘棋局就要消耗大半天的光阴，导致许多有急事要向李煜奏报的大臣经常被拦在门外，被耽误的国事逐渐增多，不少大臣对李煜沉迷后宫颇有微词。

臣工们的不满情绪持续发酵，此时大理寺卿萧俨站出来了，他历仕南唐三代君主，是元老重臣，一向以刚正不阿著称。他得知这件事后，决定向李煜觐见。刚好有一天，萧俨又听闻李煜和小周后因下棋把许多大臣挡在门外，于是他急忙赶往李煜宫中。宫门口的侍卫欲阻拦，但萧俨气势汹汹，不顾一切地冲入殿中，见到李煜便下跪上奏。此时，李煜兴致正浓，态度有些漫不经心。萧俨见状，一怒之下上前将棋盘掀翻，只听"哗啦"一声，白子、黑子散落一地。李煜和小周后大吃一惊，小周后见萧俨怒发冲冠的模样，不由得躲在李煜身后。李煜此时看着被掀翻的棋盘，一脸愠色，随即厉声责备道："萧卿擅闯内宫，又做出如此不敬之事，是想做那魏征吗？"萧俨脸上毫无惧色，沉声道："老臣倒愿意做那魏征，就怕陛下做不了唐太宗。"听得这话，李煜竟无可反驳。面对大义凛然的萧俨，他自知理亏，半晌没有言语，最后勉强应对，向萧俨许诺不再为玩乐耽误国事。

诸如此类的消极避祸并非长久之计，李煜也逐渐意识到危险。北宋开宝四年（公元971元）二月，刘𬬮宣布投降后，赵匡胤随即在汉阳（今湖北省武汉）驻扎重兵，其用意直逼南唐都城金陵。南汉灭亡的消息传来，李煜如梦方醒，日日神思忧虑。他一直以为只要屈身谦逊、割地纳贡，宋朝总不至于倾覆南唐。但赵匡胤此次屯兵之举实在让李煜惴惴不安，忧心忡忡的他随即在同年三月派遣同母弟李从谦带大量金银财帛向宋朝进贡，表面上是祝贺赵匡胤攻克南汉，实际上是表示臣服。

外派李从谦没多久，李煜召见了同平章事殷崇义，作为三朝元老，他多次代表南唐出使四方，其举止得体，不卑不亢，总是不辱君命。但这次，殷崇义也没能给出更好的建议，他们多番商议后决定采取伏低做小的办法。这一次，李煜做得更彻底，为了进一步消除赵匡胤的忧虑，李煜决定去掉"唐"国号，改称自己为"江南国主"，象征至高权力的国玺也从"唐"改为"江南国"，并上表奏请赵匡胤免去诏书不直呼其名的礼遇。商议好后，李煜询问殷崇义这次入宋上表的最佳人选。殷崇义思虑再三，举荐了韩王李从善，即李煜的异母弟。闻言，李煜沉吟半晌，此番出使不同往日，恐有变数，但他最终没开口否决。李从善确实是出使的适合人选，且不说他曾代表南唐出使宋朝，仅从身份来讲，他贵为皇室子弟，符合这次上表要表示的诚意。

恰巧，与南唐素有往来的占城、大食等域外小国的使节此时携带了新奇别致的特产前来朝贡。其中，大食国进贡了一种名为龙脑浆的补品，据闻这种植物的汁水有延年益寿的效用，李煜甚为欢喜，正准备命人收入库内以备日后享用时，有大臣建议拒收这些贡品。李煜不解，大臣解释道，如果已经决定去国号，臣服宋朝，那这些域外小国所进贡的特产自然不属于南唐，而属于宋朝。李煜恍然大悟，为了不授人以柄，便将这些礼物当作贡品统统让李从善带往宋朝，并在上表书内写明，江南国主不敢私自享用这些珍品，因此，特地献给宋朝皇帝。李煜这些如履薄冰的做法充分表明了他此时内心的恐惧与不安。

一切准备就绪后，同年十月，韩王李从善带着上表书和大批贡品向汴京出发。他身负南唐的希望，南唐日后何去何从将在此一举。李煜在深宫中祈求他所做的一切屈辱之举能打消赵匡胤出兵的念头⋯⋯

佛门养患

赵匡胤消灭南汉后，只剩下北汉、南唐、吴越三个地方割据政权，南唐与吴越都在南方。从地理位置上讲，南唐比吴越更靠近宋朝，加之南唐国力渐颓，毫无疑问成了赵匡胤下一个要吞并的目标。

早在吞并南汉之前，赵匡胤便开始了对南唐的谋划，消灭南汉也是为了更好地啃食南唐这块大骨头。不同于吴越国的是，南唐腹地辽阔，若不能将它收入宋朝治下，赵匡胤会不安。能兵不血刃攻克南唐固然好，但从赵匡胤掌握的种种情况来看，李煜只是表面上恭恭敬敬，一旦自己表露出吞并的意图，南唐势必会抵抗。所谓"知己知彼，百战不殆"，因此，掌握南唐具体的地貌河川、合适的进攻路径以及各地区的屯兵情况等是十分关键的。

南唐三代君主都推崇佛教，因此，佛教在南唐的地位不低，赵匡胤便利用这个机会，派遣了一批奸细到南唐。自北宋开宝二年（公元969年）开始，李煜大力扶植佛教，随着南唐对佛教门户大开，各地流入的僧人数目越来越多，宋朝安排的奸细也越来越多。他们有男有女，均装作僧人尼姑模样，混入南唐，在僧尼身份的掩护下，为宋朝刺探各种情报。其中，有一个名叫江正的和尚，号小长老。他少时在南唐著名的清凉寺剃度出家，并受到住持文益禅师的赏识，成为其座下首席弟子。文益禅师是法眼宗的创始人，深得李煜敬重，因此，经常受邀入宫讲经。作为文益禅师的得意弟子，江正也时常随同入宫，对南唐皇室颇为了解。

文益禅师圆寂后，江正便接管寺院，但几年后，江正觉得自己的修行尚浅，为了普度众生，他决定前往中原、北方一带云游讲法。但不幸的是，赵匡胤当时正大肆宣扬灭佛，众多寺庙被破坏，大量僧人被迫遣散还俗，因此江正的传道讲法之路被迫堵塞。东躲西藏的江正艰难地在北方传道，没过多久就被发现了。了解到他来自南唐后，官府将情况上报给赵匡胤。赵匡胤嗅到一丝契机，于是亲自接见了江正，得知他是文益禅师的传人，并与皇室关系密切后，赵匡胤大喜过望。据史料记载，他们二人进行了一番密谈，密谈的具体内容已无从知晓，但很显然，他与赵匡胤达成了某项共识，随即江正便做出返回南唐的决定。

返回南唐后，江正暗地里结交上层权贵，并重金贿赂，借助他们大力宣扬自己的功德。李煜由于敬重文益禅师，对江正也青睐有加。他得知外出修行数载的江正近日返回南唐，又听闻身边不少人对他的称颂之语，李煜便召见了他。

此后，江正便经常入宫讲经教学。一日，讲经完毕后，李煜对江正道：“小长老今日的点拨，为孤解答了许多疑惑。”

“阿弥陀佛……陛下天资过人，悟力超凡。只因国事繁重，无法多加修行，否则以陛下的慧根必定大有所成。”江正颔首道。

"孤确实还有许多不足之处，如能每日得到小长老的指点，那自然是极好的。"李煜笑道。

"既如此，不知陛下可否允许贫僧长住宫中，日日为陛下讲经授课呢？国君贤达明理，也是百姓之福啊。"江正不露声色道。

"小长老此话当真？若能随时请教，的确方便。"李煜大喜道。

"阿弥陀佛，出家人不打诳语。能为陛下分忧，贫僧自当尽力。"江正正色道。

"如此甚好，孤这就命人安排。"李煜笑道。

李煜很快就将江正迎进宫中，衣食住行一应俱全，十分周到。江正为李煜讲经时，尤其喜欢讲六道轮回、因果报应之说。他故意编造云游遇到的奇人异事，引导李煜坚信神佛的力量。渐渐地，李煜觉得一切国事、烦恼都是虚无，是庸人自扰，因而对朝政越发无心。在江正的鼓动下，李煜开始大兴土木，建造佛寺。

当时，僧人的地位大大提高，他们不但衣食无忧，而且还有无须缴税和服役的特权。很多贫苦百姓为了生存、逃避赋税以及兵役，纷纷出家。就连皇宫之中，李煜也特意修建了佛寺，供养许多僧人和尼姑，有些后宫妃嫔甚至甘愿削发为尼，迎合李煜礼佛的爱好。有些自入宫便没见过李煜几面的妃嫔，竟靠皈依佛门得到他的称赞。李煜在宫中兴建多座寺院和尼庵，认为自己行了大功德，可他完全不知自己已陷入一场蓄意的惊天阴谋当中。

江正入宫后，掌握了许多皇室内部以及朝堂上的情况，一直暗中为赵匡胤传递消息，而且他还不断在宫外寻找能够发展为奸细的目标。没过多久，他的目标出现了。

一日，江正返回清凉寺。在寺中，他见到一个贫困书生模样的人，询问之后，得知他是寄宿在寺中准备剃度出家的落魄之人，名叫樊若水。几番往来，樊若水引起了江正的注意，因为他在言谈中不时透露出对南唐社会和为官当政者的不满。江正假装善意地接近他，了解他的身世。原来樊若水是个科场失意的书生，生于池州，父亲是池州县令。他从小便立志要扬名立万。他熟读经史，为人有几分实干，但屡试不中，心里一直愤愤不平。又一次名落孙山后，他彻底灰心失意，想到自己年岁渐长仍前途渺茫，实在无颜回去见父亲。几番思虑后，无比失意的他靠着李煜礼遇僧人的政策，浑水摸鱼进入清凉寺度日。

江正见他言语之间求名心切，心中便生一计。他顺水推舟地对樊若水道："我佛慈悲，既然施主与贫僧今日有相谈之缘，不妨替施主指点一二。"

"大师肯指点迷津乃是小生荣幸，愿闻其详。"樊若水拱手道。

"我看施主的机缘不在南边，而在北边。"江正意味深长地看着樊若水道。

樊若水一惊，继而喜道："大师此话怎讲？我在北边能得到立身之机？"

"且听贫僧道来……"江正边说边将樊若水带进自己的禅房。

在江正一番蛊惑人心的煽动下，求功心切的樊若水决定卖国求荣。在赵匡胤交给江正的众多情报任务中，包含南唐域内各地区的精确地图。江正问樊若水能在哪一方面效劳大宋朝，樊若水自幼爱看杂学游记，对此颇有心得，因此毫不犹豫地答应绘制地图。他知道南唐凭借长江天险据守一方，宋朝若要出兵，定要克服长江险阻，与江正讨论一番后，他决心绘制一份详尽的长江地图。

与江正密谋后，樊若水便离开了清凉寺，带着江正"资助"的银钱，决定前往都城西南边的采石矶（今安徽省马鞍山一带）

进行勘测。

采石矶、燕子矶和城陵矶并称"长江三大名矶"，其中，采石矶最负盛名。它位于长江南岸，峭壁千寻，突兀江流，扼据大江要冲，自古为兵家必争之地。此外，它也是江南的名胜之一，从古至今吸引了众多文人名士前来登临，如李白、白居易、苏东坡、陆游等都曾前来赏景，并吟诗咏唱。李白尤其钟情采石矶，曾在此处留下不少脍炙人口的诗篇，如"白浪如山那可渡，狂风愁杀峭帆人"，如"绝壁临巨川，连峰势相向"，再如"天门中断楚江开，碧水东流至此回"，这些诗句将采石矶的奇秀险要描写得淋漓尽致。

话说樊若水到了采石矶后，为掩人耳目，在江正的安排下，前往采石矶附近一间名叫广济教寺的寺庙剃度出家。因江正的关系，广济教寺的住持妙理法师对樊若水十分照顾，不安排他做事。为了方便行事，樊若水说自己是奉江正之命外出修行历练，因此，他只宿在寺内，出入非常自由。在僧人身份的掩护下，樊若水日日戴着草帽假装在长江沿岸四处垂钓。他以《横江图说》为名，开始绘制长江地图，表面上他是在钓鱼，实际上是在暗中测量水纹、观察江边地形。一段时日后，他掌握了详细的水纹数据，甚至将暗礁暗流之处也摸得一清二楚。

不仅如此，他还利用钓鱼之名，从南岸划船至北岸。出发前他总是将绳子系在南岸隐蔽的礁石处。表面上看，他是为了保障自己能安全渡江，实则是测量江面的宽度。他每日更换地方，如此往复数月，悄无声息地把长江沿岸的江面宽窄数据都记录了下来。

在观察测量过程中，他目睹了因水势湍急而有不少船只沉没的事件，心想：若宋军贸然渡河也必有倾覆的危险，必须想办法解决这个问题。他根据查阅的书籍和自己的实地勘测，对长江一带的渡口、圩堰、关卡、要塞进行排查，再选好地点，制订架设浮桥的大胆方案。若想要此方案发挥奇效，须在宋军到来之前先把搭建浮桥的固定物建造好。但采石矶位于长江天险，附近的关卡要塞统统有重兵把守，在官兵的眼皮底下建造固定物，谈何容易。

樊若水思来想去，决定利用僧人的身份暗中行事。与江正商量后，他利用宋朝供给的资金，以清凉寺的名义向广济教寺捐了一笔为数不少的香油钱。打着"广种福田"的旗号，他与广济教寺的住持商议，计划用这笔钱在采石矶的临江处建造一座石塔供奉神像，以此来庇佑过往船只的平安。这个想法得到妙理法师的赞许，樊若水顺水推舟，包揽了监工的事宜。他在预先选好的沿岸命人凿出一个大山洞。在他的督促下，仅用时两个月便建造了一座坚固无比的石塔。他的这一"善举"得到广济教寺上下的称赞。附近的居民更是感恩戴德，经常给石塔中的神像供奉香火。任凭谁也想不到，这座石塔是为了方便日后宋军渡江进犯而修建的。自选择卖国求荣这条路开始，樊若水就注定要背负不忠不义的骂名。

北宋开宝三年（公元 970 年），樊若水终于将地图绘制完毕。为了避免夜长梦多，他于广济教寺不辞而别，随后在江正的掩护下，连夜逃往宋都汴京求见赵匡胤。因身上带有江正的密信，樊若水便顺利面见了赵匡胤。随后，樊若水迫不及待地向赵匡胤呈上绘制的《横江图说》。赵匡胤打开后细细阅览，只见摊开的图卷十分具体地标绘着采石矶一带的示意图，图卷上标注了详尽的数据，如河面宽度、水纹深度等，赵匡胤脸上的喜色越浓。樊若水趁机上前道："请陛下造浮梁以济师。"赵匡胤命他细细说来，樊若水便将自己的想法全盘托出，称架设浮桥的固定物已经提前建好，只要按照计划进行，必定能顺利渡江。赵匡胤喜之不尽道："此图在手，南唐、李煜小儿皆为我囊中之物也！"

尽管樊若水的架桥方案切实可行，但这般大胆的想法还是遭到宋朝许多大臣的反对，反对原因无非是江阔水深、水急险要、架桥难度极大、自古未有等。但赵匡胤十分认同樊若水的方案，他认为兵贵神速，只有抢得先机才能稳操胜券。于是，他力排众议，采纳了樊若水的建议，并立即命人筹备各项事宜，建造大型舰船，准备搭建浮桥所需的各种材料，为日后征伐南唐做充分准备。

樊若水自此时来运转，向宋朝贡献了"平南策"后得到赏识。赵匡胤安排他在汴京参加进士考试，他终于进士及第。而后经过铨选，吏部授其为舒州军事推官，樊若水直接参与灭唐计划，负责南唐的情报工作以及掩护在南唐进行刺探活动的宋朝细作。樊若水在北宋可谓如鱼得水，可背叛南唐就意味着他要面对始料未及的危险，他的家人还生活在南唐，每每想起这些他都觉得惶恐不安。

世上没有不透风的墙，樊若水的身份被留驻宋朝的进奏使眭昭符得知，眭昭符没想到北宋的新科进士中竟然有一人来自南唐，还备受宋朝皇帝器重，这个消息使他异常愤怒。愤怒之余，他立即派人调查樊若水，然后修书回南唐，将实际情况告知李煜。在深宫虔心礼佛的李煜得知有叛国之徒为宋朝效力后，非常惊讶，马上派人调查樊若水潜逃前在南唐的一举一动。当得知他绘制了长江一带的详细地图时，李煜不由得恐慌，立即召集众大臣前来商议。大臣们听说后，格外气愤，有人建议立即捉拿樊若水的家眷进行严刑拷打，也可以杀之，以儆效尤。

大臣们的建议虽然有理，但李煜担心这样做会触怒赵匡胤，给他制造攻打南唐的借口，因此颇为犹豫。但他知道不能置之不理此事，于是，他下令捉拿樊若水的家人，暂时囚禁。他深知自己无力反抗宋朝，也深知赵匡胤得到地图是为了攻打南唐。他从未见过赵匡胤，但此时他真想见一见，向他阐述南唐自始至终只想偏安一隅，别无所求。他可以称臣，可以割地，只求保留方寸之地，让他做个风流快活的江南国主。文人秉性的李煜此时还不明白封建皇权体制的绝对性和独断性，也不愿相信野心勃勃的赵匡胤绝不容许有其他政权存在。

长江天险是萦绕在赵匡胤心头的一大难题，如今，终于顺利解决。而他在南唐设下的另一条情报暗线也一直在紧锣密鼓地运作，潜伏在李煜身边的江正已在南唐皇宫布下众多耳目，这些人源源不断地将内廷情报输送到赵匡胤手里，甚至具体到李煜每天的动向，如举办了何种宴会、哪些大臣出席等。李煜关押樊若水家人的消息也顺势传到北宋，樊若水得知后便恳求赵匡胤营救他的家人。赵匡胤自然乐得承他这个人情，于是传旨到南唐，不仅要求李煜释放樊若水的家人，还让其派人好生护送樊氏一家前往北宋。樊若水感激涕零，从此对北宋王朝更加忠心耿耿。

收到赵匡胤的旨意后，南唐群臣皆愤然作色，不少大臣建议李煜撕掉诏书，杀掉樊氏一家；也有大臣建议李煜回复诏书，要求赵匡胤把叛徒樊若水送回南唐。李煜此刻却认为，只要一天未决裂，都尽可能满足赵匡胤的要求，绝不给他开战的理由，若真到那天，南唐一直以来暗中练兵，也能起到坚壁之效。于是，李煜不顾众人反对按照旨意护送樊氏一家出境。

　　自樊如水向赵匡胤献上长江地图后，南唐就失去了这一天然屏障。而此时的赵宋王朝在消灭南汉之后士气大涨，正磨刀霍霍，做征伐南唐的一切准备……

第七章

屡中奸计难自保

外有强敌虎视眈眈、攻城略地，内有奸佞排挤忠良、懒怠应战，李煜以及南唐的处境愈发艰险。南唐军节节败退，寄予厚望的主将投宋乞降后，南唐早已不堪一击，李煜被迫受降入宋。在汴京，李煜受尽欺侮，忍辱偷生，将肝肠寸断的故国之思凝结在一阕阕词作中，百世流芳……

林仁肇壮志未酬身先死

北宋开宝四年（公元971年）十月，李煜上书赵匡胤主动提出去除南唐国号。第二年正月，李煜下令贬损仪制，将机关部门和各级臣僚均做降级。具体为：下"诏"改为"教"；改中书、门下省为左、右内史府，改尚书省为司会府，改御史台为司宪府，改翰林院为文馆，改枢密院为光政院，把原有的王爵一律降格为公爵，以示尊崇。

南唐上一任国主李璟在位时，曾臣服后周、去帝号，但皇宫各处殿所的殿脊上依然矗立着象征天子权威的兽头鸱吻。到李煜在位时，南唐臣服于宋朝，乾德年间每逢宋朝来使，李煜就命人撤掉脊兽，待使者离开后再复设。自北宋开宝五年（公元972年）起，李煜命人正式撤去各处脊兽，不再使用。

李煜的种种举动表明他极不愿意与宋朝兵戎相见。此前，曾有来往出境的南唐商人密报朝廷，指出宋军在荆南建造了数量庞大的战舰，有大臣上奏建议派人前往烧毁，但李煜从未想过主动出击，因此最终未作批复。在宋朝的步步紧逼下，李煜愁绪如麻，日日神思忧虑，他的忧虑不仅是因为外部强敌宋朝，更是因为这一两年南唐接连痛失两位重臣名将：一位是鼎鼎大名的韩熙载，另一位是名将林仁肇。韩熙载为南唐三朝元老。他高才博学，精通音律，又擅书画，因此，极受李煜的欣赏和信任。自从南唐国势日蹙，他多次进谏李煜。在李煜大行奢靡之风时，他赋诗讽刺，虽然曾因此被贬，但始终很受器重，李煜对他宽容相待。

后人评论韩熙载"空怀一颗立志报国之心"，但因南唐后期亡国之势，导致他的政治抱负和人生理想化为泡影，更因他本是北方人，在南北欲成水火的敏感时期自认为需要避嫌，因此在个人复杂矛盾的心态和现实的双重冲击下，韩熙载晚年日日纵情声色、散尽钱财，只为躲避李煜要拜他为宰相的要求。他认为南唐亡国在即，若做这亡国宰相只会沦为千古笑谈，历史上著名的画作《韩熙载夜宴图》亦由此而来。北宋开宝三年（公元 970 年）七月二十七日，南唐一代名臣韩熙载逝世，李煜如同斩失臂膀，痛哀不已。为了表达对他的礼敬，李煜特意援引前例，下诏追封其为左仆射、同平章事，赐谥号"文靖"，三日不上朝，以圆生前未能拜其为相的遗憾。

除此以外，李煜一手包办了韩熙载的身后事，他的棺椁衣衾，甚至葬身墓地，都是李煜赐予的。据史料记载，为其择墓地时，李煜要求所选之地要"山峰秀绝，灵仙胜境，或与古贤丘表相近，使为泉台雅游"，还命大臣徐铉为其撰写墓志铭，葬在梅岭冈（今南京市），与东晋名臣谢安之墓相毗邻。李煜还命人将韩熙载生前所写的诗词文章辑录成册，以遗后世。这般郑重其事、荣耀无比的待遇在历史上屈指可数。韩熙载的离世对李煜的打击很大，他一直视韩熙载为朝廷柱石，对其十分仰仗，如今已失去这根中流砥柱，本就风雨飘摇的南唐更加摇摇欲坠。

没过多久，越发迷茫忧虑的李煜听信谗言，犯下了错杀忠臣的大过。林仁肇本是闽国将领，南唐灭闽后，林仁肇受到元宗李璟的赏识，开始为南唐效力。他武艺高强，为人坚毅，领兵作战有勇有谋，使赵匡胤颇为忌惮。北宋开宝三年（公元970年），北宋正千里南下征伐南汉，向来主战不主和的林仁肇便大胆向李煜进言称此时宋朝大军正千里奔波南下，他们连年征伐荆南、后蜀等地，必定兵疲将乏，南唐可趁此良机一举收复淮南失地，扭转颓势。而且只要李煜一声令下，他愿意身先士卒、领兵收复。为了使李煜同意攻伐淮南，林仁肇声明，一旦失手，李煜可以用叛国罪将他通缉并杀掉他的家人，以此向北宋谢罪，并宣称南唐并不知情，这一建议可谓忠烈至极。

林仁肇所说的淮南失地，乃是后周征伐南唐时曾经占领的一片地区，这片淮南失地的战略位置十分重要，此地进可攻退可守，如若趁机夺回，对南唐的形势的确有利。但李煜没有接受林仁肇的进言。他不敢冒险，他情愿私下蓄兵，依靠长江天险，为南唐赢得更多时间，也不愿主动触怒北宋。再者，南唐的水军虽强悍，但陆军的战斗力远远不及北宋，加上南唐国内多年未有战事，林仁肇攻伐淮南并没有必胜之算，何况此战无论成败，换来的必然是北宋的大举反击。于是，李煜便对林仁肇说："将军这话不能乱说，会累及整个南唐。"他生怕林仁肇自作主张，便将林仁肇调离武昌前线，任命他为南都（今江西省南昌市）留守兼南昌尹。

林仁肇这番献策未被李煜采用，却传到赵匡胤的耳中。赵匡胤因此打定主意：若想顺利消灭南唐，必须铲除林仁肇。因此，他暗中策划了一个反间计。北宋消灭南汉后，再次震慑了李煜，李煜也先后做出去唐号、自称江南国主、贬损仪制、进贡的一系列举措。赵匡胤表面上接受了李煜的种种示好，答应与南唐相安无事，但暗中贿赂了林仁肇的随从，得到他的一幅画像，悬挂在自己的别室。

北宋开宝四年（公元971年），恰好韩王李从善奉李煜之命出使北宋朝贡，赵匡胤特意在别室接见了他。李从善看到林仁肇的画像后，不由得大惊。赵匡胤假装不经意道："既然你看见了，朕也不瞒你，这是你们南唐的将领林仁肇，前不久他派人向我大宋表示归降，更留下此画像充当信物。朕为了奖励他，赐给他一座府邸。"李从善信以为真，便私下向远在南唐的兄长修书一封，告知林仁肇见利忘义之举，认为其人乃叛国之徒。

接到李从善的书信后，李煜非常震惊。尽管这与他对林仁肇的认知出入非常大，但是他不得不去想林仁肇的画像为何会出现在千里之外的北宋天子手中，加上林仁肇早先提出的单独请兵攻伐淮南一事，纷繁错杂，一时之间让李煜无法决断。这时，一向与林仁肇不和的本土将领皇甫继勋、朱令赟等向李煜大进谗言，诬蔑林仁肇向北宋求援，说他早有谋反之心，欲在南昌起兵自立。皇甫继勋和朱令赟本就对"外来"的林仁肇不服，加上林仁肇治军有方、能与士兵同甘共苦，在军中的声望日隆，直接威胁到两人的地位，这次二人大进谗言便是闻风而动，欲置林仁肇于死地。皇甫继勋和朱令赟是李煜除了林仁肇外颇信任的将领，如今所有的矛头都指向林仁肇，李煜也不得不信。若赵匡胤再得一猛将，南唐的溃败将如摧枯拉朽般不堪设想。于是，一向好生戒杀、忠厚纯良的李煜痛下狠心，在李从善来信的同年，命人暗中鸩杀了林仁肇。可怜林仁肇连辩白的机会也没有，一代忠魂就这样含冤而死。十分器重林仁肇的朝政重臣陈乔得知其死讯后，在家中长叹数日，直言国势颓然至此，国主竟还滥杀忠臣，不知日后自己会葬身何处。陈乔发此哀叹不免有兔死狐悲之感，他曾说过："令仁肇将外，乔居中掌机务，国土虽蹙，未易图也。"若是南唐有林仁肇在外领兵，他负责管理朝中政务，即使国土狭小，宋朝也难以图谋。

实际上，南唐将领中像林仁肇这般的忠烈之士不在少数，如枢密院承旨、沿江巡检卢绛，也曾秘密向李煜献策，建议其起兵将邻国吴越消灭，理由是吴越早已归降北宋，作为宋朝的羽翼，他日必定会帮助宋朝攻打南唐，实是心腹大患。卢绛更称自己多次与吴越打交道，熟知其军事战斗力薄弱，如出其不意，必能将其消灭。李煜闻言，连连摇头，道："如真像你所说的那样做，岂不是授人以柄吗？吴越作为宋朝的附庸国，若攻打吴越，宋朝便可以借此缘由出兵南唐！"卢绛解释道："只要陛下诈称臣在宣、歙二州起兵谋反，对抗宋朝，再以征讨逆贼为名，备下重礼，请求吴越出兵相助，吴越顾及宋朝必会答应出兵。到那时，只等吴越兵过湖州，陛下便发兵阻挡，臣从后带兵偷袭，吴越损失了兵力，便可趁势灭之，南唐的国威亦会大振，北宋也不敢轻举妄动。"但李煜始终心有余悸，不敢打破他原有的坚壁防守计划，因此，并没有接受卢绛的建议。

南唐本有许多机会化被动为主动，也有许多有识之士、勇猛之将甘愿带领南唐杀开一片血路，但李煜始终采取保守的外交政策，未采用大臣、将领的建议。李煜的做法固然被动，但后世有不少人认为坚壁防守无可厚非，在孤立无援的情况下，此等做法绵延了南唐十五载光阴。

且说李从善前往北宋朝贡后，迟迟没有归来的消息。直到第二年春，仍是杳无音信。李煜开始惴惴不安，他预感七弟已被赵匡胤扣留。以往宋朝对待南唐时从未出现过扣押人质的做法，如今看来，南唐的确岌岌可危。李煜怀揣愁闷思忖种种变故，不知七弟一切是否安好，是他亲下诏书命七弟入宋朝贡，如遭遇不测，该如何是好。在忐忑不安中，李煜写下一首《清平乐》，抒发了自己对李从善的思念之情。

清平乐

别来春半，触目柔肠断。砌下落梅如雪乱，拂了一身还满。

雁来音信无凭，路遥归梦难成。离恨恰如春草，更行更远还生。

陆游在《南唐书》中称赞过李煜对弟兄"素友爱"。父亲李璟驾崩后，李从善曾有篡位之心，联合大臣弹劾李煜，认为他不适合当皇帝。李煜即位后，知晓此事，他"略不以介意，愈加辑睦，进封韩王"，两人摒弃前嫌，没有为争夺皇位而手足相残。

仲春时节，与七弟分别已有许久，眼看江南一片春色，生机盎然，李煜却无心欣赏，不知七弟在北方可好。思念和担忧让李煜久久立在白梅树下，任凭片片如白雪般的梅花落满身上却依然不知。传言大雁能传书，可却没有带来七弟的消息。李煜甚至在梦中也梦见路途遥远，七弟归期难成。他思念的哀愁好似春天的野草，漫山遍野，连绵不绝，紧紧跟随七弟远行的步伐。

正如李煜猜想，李从善自入宋后，赵匡胤一再延缓他的归期，既不肯松口让他返回南唐，又对他礼遇有加，封他为泰宁（治所在今山东省曲阜市）军节度使，不允其上任，在京城赐予一座府邸，变相软禁了李从善。天子赐宅，藩属国主按理应进京谢恩，李煜深知赵匡胤此举是暗示他入宋，他自然避而不见，而是委派时任户部尚书的冯延鲁代替他前往汴京受赏谢恩，但冯延鲁因途中染病，最终未能朝见赵匡胤。

北宋开宝六年（公元973年）夏，赵匡胤派遣翰林学士卢多逊作为生辰国信使出使南唐，为李煜贺寿。表面上看，赵匡胤似乎仍对李煜多有厚待，但他的目的并不是贺寿，而是趁机得到南唐更多的情报。自林仁肇被冤杀后，赵匡胤去除了心腹大患，加上他拥有樊若水提供的《横江图说》，可谓万事俱备，但唯独缺少南唐各州县的详尽地图。他这次派遣卢多逊前往也是看中其文辞敏捷、博闻强记的优点。卢多逊颇有谋略，知道李煜爱惜文才，便从这方面着手。他拜见李煜后，只与他谈诗论词，把酒言欢，引得李煜大有相见恨晚之意。谈兴正浓时，卢多逊以"朝廷重修天下图经，史馆独缺江东诸州"为由，向李煜提出借用江南各州县山川形势图的请求。此话一出，李煜焉有不懂之理。赵匡胤无非是想掌握南唐各地的情况，因为南唐官方绘制的地图上标注十分详细，每一处的关隘防务、各州县的人口数都有具体标注，一旦给出地图，就会暴露南唐的军事部署。但当时的情形令李煜骑虎难下，南唐已经去掉"唐"国号，是宋朝的属国，本该自动上呈各州地图，如今使节笑脸相迎地索要，怎能不从？若是拒绝，赵匡胤便有理由指摘李煜有谋逆之心，出兵就是顺理成章之事，因此，李煜虽不甘，但因形势所迫，仍不得不命人抄写一份让卢多逊带走。

就这样，赵匡胤不费吹灰之力便得到江南十九州的山川地理图，对南唐的军事部署、户籍人口等有了进一步了解。卢多逊返回北宋后，主动上奏赵匡胤，称南唐国力衰弱，可发兵讨之。赵匡胤本就做好了两手准备，一方面希望能兵不血刃地让李煜自动投降，另一方面未雨绸缪，若李煜不肯归降，则大肆举事，发动进攻。此时有朝廷大臣提出攻打南唐，正合赵匡胤心意，卢多逊也因此平步青云，成为赵匡胤核心内阁的成员之一。

此时对南唐而言可谓"山雨欲来风满楼"，北宋与南唐之间暗流涌动，赵匡胤箭在弦上，蓄势待发，而一味隐忍的李煜一方面被迫进行迎战准备，另一方面则仍寄希望于通过妥协退让平息这场战争……

挑事端，赵宋发兵

自赵匡胤派遣使者索取了南唐各州县的地图后，南唐朝中风声鹤唳，人人自危。林仁肇被冤杀后，南唐能独当一面的将领寥寥无几，军中将士离心，国家危在旦夕，李煜更是夜不能寐、精神恍惚。案桌上堆满了大臣们近几日上递的奏折，他亲手将南唐的底牌交给北宋，祖父九死一生开创的基业难道就此拱手于人吗？神思颓然的李煜再次将希望寄托于求神拜佛。

面对国主的妥协退让，南唐的忠臣良将焦急万分，连连上奏进谏。尤其是潘佑，言辞最为激进，在众多文臣当中，潘佑不仅能言善辩、才华横溢，而且有一颗精忠报国之心。目睹朝政反复、国事日非、国主颓靡后，潘佑的忧虑比旁人更甚，于是他针对朝堂的不正之风和恶劣习气，连上七道奏疏陈述时政。他刚直敢言，批评朝廷中一些文臣武将是尸位素餐、蝇营狗苟之辈，如今国家危如累卵，他们对上不能匡扶君主、对下不能有益百姓，如此误国害民必须严加整治；他还指出，李煜身为国主应该知人善任、亲忠远佞，只有

187

整肃朝纲、厉兵秣马才能深得民心。潘佑甚至以辞官归隐相威胁，大有恨铁不成钢之意。除此以外，他在奏疏中还举荐与自己志同道合的官员李平担任尚书令一职，二人私下交情甚笃，时常讨论强国之道，关心国家命运，对以权谋私、贪赃枉法的奸臣十分痛恶。

李煜看到潘佑在奏章中咄咄逼人、毫不客气地将文武百官责怪一遍，心中颇为无奈。如今外在形势迫切，他根本无心整治内务，潘佑虽言辞激愤，但出于一片爱国之心，不好对其多加斥责，只好"和稀泥"，称赞了潘佑几句，敷衍了事。谁知潘佑打定主意要让李煜正视国家利弊，他左等右等不见李煜有所动作，只是等来李煜的几句夸赞以及命他专修国史的旨意，更觉愤慨，直接呈上第八道奏疏，把矛头直指李煜：

上后主疏

三军可夺帅也，匹夫不可夺志也。臣乃者继上表章，凡数万言，词穷理尽，忠邪洞分。陛下力蔽奸邪，曲容谄伪，遂使家国偾偾，如日将暮。古有桀、纣、孙皓者，破国亡家，自己而作，尚为千古所笑。今陛下取则奸回，败乱国家，不及桀、纣、孙皓远矣！臣终不能与奸臣杂处，事亡国之主。陛下必以臣为罪，则请赐诛戮，以谢中外。

潘佑秉着破釜沉舟的信念，慷慨陈词，希望这当头一棒能让李煜幡然醒悟。但李煜看到这篇奏疏后，只觉言辞锋利、出言不逊、冷嘲热讽，其盛气凌人的程度纵使如他这般宽厚亦不能忍受。奏疏中，潘佑指责李煜包庇奸臣、亲近谄媚诈伪之辈，使国家前途暗淡，如日落西山。并且他还将李煜与历史上有名的昏君桀、纣、孙皓等相比，直言李煜比之不如。奏章中更称李煜是亡国之主，他绝不与奸臣同流合污，如李煜认为他有罪，但求赐死，以谢天下。

潘佑毫不留情的话句句切中南唐要害，也结结实实地戳到了李煜的痛处。试问历史上哪个帝王看见臣下称自己为"亡国之主"还能笑脸相迎？纵使李煜一直倚重赏识潘佑，但此刻也无法按捺愤怒，怒气冲冲地想治潘佑的罪，将他关进大牢听候发落，可最后还是决定询问百官的意见。上朝时，李煜把潘佑的奏疏公开，询问群臣潘佑该当何罪。部分平日里与潘佑不和的权臣，如殷崇义、张洎等，居心叵测地向李煜大进谗言，他们紧紧抓住潘佑奏疏中以下犯上的字眼，控诉他大逆不道、目无君上、诬蔑大臣，罪不可赦。有些奸佞之辈深知李煜笃信佛教，于是将与潘佑交好的李平也一并控诉，李平信仰道教，他们便诬称这一切都是李平的阴谋。潘佑曾与李平实施变法，涉及土地改革制度，触犯了一些朝中权贵的利益，因此他们纷纷落井下石，甚至捏造谎言，称潘佑与李平家中均设有暗格，挂满跟道教有关的画像，日日祭拜，分明是不满李煜扶持佛教的政策，早有异心，如今潘佑的奏疏明确写着不事亡国之主，可见另有图谋。

俗话说"三人成虎"，本就恼怒的李煜听了臣工的表态后越发难以冷静，但他没有立即治死罪，思虑数日后，决定先缉拿李平，抄其家宅，将其关押大理寺等候审查，潘佑则在家候审。可怜李平祸从天降，被捉拿时正在家中研读书籍。面对突然闯入的数十名禁卫，一家人大惊失色，还来不及话别，李平便被押往大理寺的监牢。李平冥思苦想，也不知自己所犯何罪，后来联想到近日发生的朝政大事，最轰动的莫过于好友潘佑犯颜死谏。最初他听闻潘佑的奏疏时，除了深深敬佩好友的刚直不阿外，更担忧他的人身安全。昔日他与潘佑合力变革，得罪了不少朝中权贵，如今自己获罪，必定是有小人伺机报复，他与潘佑恐怕都难逃一死。思及此，李平愤然起身，与其被小人诬蔑，倒不如一死以证清白。当晚，李平自缢于狱中。

李平自尽的消息引发朝野热议，李煜得知李平如此刚烈后，甚为吃惊。此时已有不少朝臣为潘佑与李平鸣冤，也有人居心不良地说李平是畏罪自尽。但无论如何，如今李平已死，潘佑仍在家候审，李煜并不想治潘佑死罪，只是事已至此，如果不给他定以下犯上的罪名，就无法向百官交代。谁知，潘佑听闻李平的死讯后，在家中仰天长叹。他深知李平因他而亡，本是自己拼死进谏，如今却连累好友，他怎能有颜面苟活于世？于是，潘佑在禁卫前去捉拿之前，自尽于家中。

如果说李平的死触动了李煜，那潘佑的自尽则狠狠打击了李煜。虽说不是他亲自下旨诛杀两人，但李煜却有"吾虽不杀伯仁，伯仁由我而死"①的复杂情绪。他思来想去，始终心神难安，若不是受了冤屈怎会慷慨赴死？于是，他下令彻查此事，真相很快被查明，李平煽动潘佑图谋叛逆一事乃子虚乌有，李平事前对潘佑上奏死谏之事一无所知。李煜得知事实后，捶胸顿足，懊悔不已。据史书记载，李煜每每想起此事，心中郁闷难纾，停杯投箸不能食。亡国后他曾对徐铉慨叹：当初错杀潘佑、李平，如今悔之不已。

事已至此，李煜唯有以重金抚恤两方家属，下旨厚葬。朝中接二连三痛失重臣，李煜大有国之将亡的哀感。此时已近北宋开宝六年（公元973年）八月，临近重阳，是亲人团聚的日子，李煜不禁想起被北宋软禁的七弟李从善。李从善的王妃周氏也时常远眺渡口的长江，记得当时丈夫朝贡临行前，就是在此道别，如今时隔两年多，她望眼欲穿，丈夫却仍无归来的音讯。思念成疾的她多次进宫

---

① 典出唐代房玄龄等人著《晋书·列传第三十九·周顗》。

面见李煜，恳求他想办法让李从善早日归家。因涉及国家事务，李煜有口难言，总是安慰周氏，答应上书宋朝。

李煜的确多次上表赵匡胤，要求准许李从善归国，但赵匡胤不允，反而让李从善写信给李煜，让他入朝觐见。李煜不敢贸然前往，每每心焦却无可奈何。周氏日复一日地等候，到后来对李煜生出怨言，李煜只好让小周后对其多加劝慰。又到重阳佳节，愁眉不展的李煜写了数首诗文抒发心境。

谢新恩

冉冉秋光留不住，满阶红叶暮。又是过重阳，台榭登临处。茱萸香坠，紫菊气，飘庭户。晚烟笼细雨，嗈嗈新雁咽寒声，愁恨年年长相似。

在这重阳佳节，李煜思念李从善，更思念大周后与早夭的幼子。想当年，家人共度节日良宵，其乐融融，如今，物是人非，只剩李煜一人登临台榭，回首过往。

却登高文

玉瑴澄醪，金盘绣羔，茱房气烈，菊芝香豪。左右进而言曰："维芳时之令月，可藉野以登高，矧上林之伺幸，而秋光之待褒乎？"余告之曰："昔时之壮也，情槃乐恣，欢赏忘劳，悄心志于金石，泥花月于诗骚，轻五陵之得侣，陋三秦之选曹，量珠聘伎，纫彩维艘，被墙宇以耗帛，论邱山而委糟，岂知忘长夜之靡靡，累大德于滔滔？怆家艰之如毁，萦离绪之郁陶，陟彼冈矣企予足，望复关兮睎予目。原有鸰兮相从飞，嗟予季兮不来归，空苍苍兮风凄凄，心踯躅兮泪涟洏，无一欢之可作，有万绪以缠悲，于戏噫嘻！尔之告我，曾非所宜。

这篇《却登高文》专为李从善而作，此作凄恻动人，催人泪下。据史书记载，李煜每每凭高远望、思念亲人时，都会忍不住泪洒衣襟，左右随从不忍观之。他在文中追悔从前豪华奢靡的宫廷生活，自此废除了四时宴会。其实，李煜对所有的弟兄都爱护有加，自兄长李弘冀死后，他便成了名副其实的长兄。他不仅对有过嫌隙的李从善关心爱护，而且对其他兄弟也牵肠挂肚。每有兄弟出镇诸州，他都会亲率大臣相送，并且写诗劝慰，如《送邓王二十六弟牧宣城》就是其中一首。从李煜的诸多诗词中可以发现，他所抒发的忧愁苦闷往往与亲情有关，可见他是个极重亲情的人。因此，后世有人评论，李煜对南唐的感情，也是由重视亲情升华而来。

北宋开宝七年（公元974年），李煜再次上表赵匡胤，请求允许七弟李从善回江南。赵匡胤依旧不允，反而任命李从善为充、沂两州观察使。此时，赵匡胤仍希望不费一兵一卒让李煜归降，他还在汴京建造名为"礼贤宅"的豪华府邸，一草一木皆有江南水乡韵味，其目的在于让李煜如同南汉后主刘铱一样乐而忘返、不思故国。此外，他还让李从善给李煜写了一封劝降信。常言道"人在屋檐下，不得不低头"，尽管李从善非常不乐意，但他只能按照赵匡胤的意思给兄长写信，信的内容无非是好言相劝、利益引诱，想让李煜自动投降，并告知他宋朝步步紧逼，南唐已没有退路的现实形势。

李从善的书信没有起到预期效果，赵匡胤没想到一直以来温顺谦卑的李煜竟是个忍辱负重之人。以往不管提出多过分的要求，李煜都会恭敬地答应，如今看来，之前的恭顺只是表面的缓兵之计。确实，李煜隐忍多年是为了保全南唐的江山，但他却不会轻易地将其拱手让人。赵匡胤向来倾向于对割据政权持怀柔政策，正如他兵变称帝后，对前朝的柴氏宗室并没有赶尽杀绝，而是一直礼遇有加，还命后世子孙不得伤害柴家后人。因此，他见其他手段都无效，便以宋朝的名义召李煜入京，只要李煜入宋，南唐便唾手可得。于是，他将一道道诏书如催命符一般频频发往南唐。

同年秋，赵匡胤以观礼为由派遣使臣前往南唐下达诏书，要求李煜前往汴京参加典礼。可无论宋朝使臣如何游说，李煜都决意不入宋，宋使臣甚至以言语威胁，称会如实汇报给赵匡胤，李煜依然拒往。同年冬，赵匡胤再发诏令命李煜参加宋朝的祭天大典，这一次，他的语气非常强硬，使臣李穆宣读了赵匡胤的旨意：

朕将以仲冬有事圜丘，思与卿同阅牺牲。卿当着即启程，毋负朕意。

这份诏书相当于是赵匡胤给李煜下的最后通牒，若李煜依旧不从，宋朝大军将兵临江南。结局已然到来，李煜明白他若前往，南唐必定不保。既然多年的忍让不能浇熄赵匡胤的野心，那他再卑躬屈膝也毫无意义。李煜仿佛下定决心，只称病不入宋，并回复赵匡胤：

臣事大朝，冀全宗祀。不意如是，今有死而已。

李煜回复得很明白，他臣服宋朝是为了保全南唐的宗庙基业，如果赵匡胤非要吞并南唐，南唐只有以死相搏。以往宋朝的使臣离开时，李煜都会严格遵照礼节前去相送，但这一次，李煜只委派大臣徐铉、张洎等作为代表前去送行。赵匡胤听了使臣的详细汇报后，当即以李煜抗旨为由，下令发兵讨伐南唐。他首先派遣颍州团练使曹翰率领兵马前往荆南备战，又命将领曹彬、李汉琼和田钦祚会师荆南，征发战舰，大将潘美紧随其后，率领步兵南下。多路兵马会师荆南后，曹彬被任命为升州西南路行营马步军战舰都部署，田钦祚被任命为升州西南路行营马军兼左厢战棹都监，李汉琼被任命为战棹左厢都指挥使，统率行营骑军。

宋唐大战一触即发，据宋代龙衮所作《江南野史·卷三》记载，宋朝使臣离去后，李煜对众大臣说："他日王师见讨，孤当躬擐戎服，亲笃士卒，背城一战，以存社稷。如其不获，乃聚室自焚，终不作他国之鬼。"这番话辗转传到赵匡胤耳中，他不屑地评论："此措大见语耳，徒有其口，必无其志。渠能如是，孙皓、叔宝不为降虏矣！"在赵匡胤看来，李煜这番话只不过是逞书生意气，嘴硬而已，李煜若真有壮志，历史上的昏君孙皓、陈叔宝也不会成了俘虏。

赵匡胤铺陈已久的灭唐计划终于拉开序幕。备战完毕后，他将兵力分成东、中、西三路，齐驱并进。东路由吴越王钱俶指挥，宋将领丁德裕监军，率领数万兵马自杭州往北，与南下的宋军里应外合；中路由大将曹彬与潘美分率水陆两军由江陵出发前往长江；西路由黄州刺史王明领兵协助中路主力军前进，牵制湖口一带的南唐军。其中，钱俶被任命为升州东南面行营招抚制置使，王明被任命为池州至岳州江路巡检战棹都部署。

且说曹彬的军队在荆南一切就绪后，于北宋开宝七年（公元974年）十月十八日乘坐舰船由荆南出发，顺流东进。快到江南地界时，曹彬命令宋朝长期驻扎在江南的巡视舰队围拢跟随，南唐守军以为宋军在例行巡查江面，未加阻止，曹彬大军得以顺利渡过湖口。当月二十五日，曹彬率军成功突袭占峡口寨（今安徽省贵池市西部），后直逼池州（今安徽省贵池市）并顺利攻取。数日后，曹彬大军抵达铜陵（今安徽省铜陵市），一举击溃南唐军两万余人，收缴了两百多艘舰船。自此，曹彬乘胜追击，连下芜湖、当涂（今安徽省当涂县）两地，随后按照计划前往采石矶架设渡江浮桥。到达采石矶后，再次大败两万余南唐军，南唐将领马步军副都部署杨收、兵马都监孙震等千余人被俘，宋军成功抢占此要隘。

有了樊若水的《横江图说》，曹彬当即命八作使郝守濬开始架设浮桥，宋军将早已预备好的竹子、木板和铁索等材料组合整理，浮桥建造工作有条不紊地进行。周边守将探得消息后立马上报朝廷，李煜颇为忐忑，紧急召集群臣商讨，有不少大臣认为长江之所以被称作"天险"，正是因其地势险要，难以逾越。自古以来，从未有人敢贸然横渡长江，宋军欲在湍急的江面上架桥乃是异想天开，国主不必过分担忧。李煜听罢心中稍安，但仍不免担忧。

自古在江南建立的政权多依赖长江天然的壕沟地势立国安身，南唐也不例外。李煜没有更好的办法阻挡宋军南下，唯有寄希望于长江天险抵御部分敌军，他则死守金陵城。待敌军兵临，进入预设的埋伏圈，再一举击之。但他忽略了一点，长江看似险要，但却不是整个中下游都水流湍急，中间有不少易攻之地。长江天险早年虽挡住了后周大军，但挡不住未雨绸缪、觊觎南唐多时的赵匡胤。

所托非人连失城

宋军攻破池州后，李煜开始进行一系列部署。北宋开宝七年（公元974年）闰十月，他首先下令全城进入戒备状态，接着颁布诏令，宣布停止使用宋朝年号，改用干支纪年，南唐正式与宋朝决裂。这一强硬表态大大振奋了南唐全国上下的士气，许多平民百姓主动报名参军，有的百姓则送上口粮以充军资。同时，李煜对邻国吴越乘机侵犯常州、润州的行为发信质问，李煜在信中谴责吴越王的行为，并直陈其处境："今日无我，明日岂有君？一旦明天子易地赏功，王亦大梁一布衣耳。"然而吴越王并不为其所动，将李煜的书信上呈赵匡胤。

李煜孤立无援，不禁想到元老大臣韩熙载的病亡、大将林仁肇的鸩死以及重臣潘佑的冤死，如今他才尝到无人可用的滋味。思虑再三，他将军机重务交由陈乔、张洎等文臣，守城重任则交给为人精明诡谲的将领皇甫继勋，命徐元瑀、刁衎等人为内殿传诏。水路方面，李煜命镇海军节度使郑彦华率万余精锐水军乘坐三百余艘战舰逆江而上,阻击采石矶的曹彬大军,另命天德都虞侯杜真率领步兵万余人协助水军共同发动攻击,破坏宋军的造桥计划。

不幸的是,郑彦华与杜真兵分两路出城不久,杜真率领的步兵便正面遭遇曹彬大军,双方随即展开了一场激战。由于人数相差悬殊,杜真一方逐渐落入下风,但此时只要郑彦华按事先计划率领他的水军及时来援便可挽回劣势。谁知,郑彦华贪生怕死,拥兵不前,致使杜真战败,南唐军伤亡惨重。得知消息,郑彦华宣布撤兵,急急退回金陵城。他的这一举动为曹彬大军赢得了宝贵的时间,曹彬军夜以继日地搭建浮桥。此时,潘美率领的五万大军沿江而下,已经抵达南唐的西都扬州,虎视眈眈,欲作夹击之势。一时之间,战败的消息纷至沓来。同年十一月,由王明率领的西路大军进攻鄂州(今湖北省武昌区),一举击败三千余南唐军。东路军继续侵扰常州,并成功夺下利城寨(今江苏省江阴市)。

北宋开宝八年(公元975年)正月,宋三路大军全线出击。继曹彬大军成功渡江后,其他支线军队亦陆续渡江,黄州兵马都监武宁谦等渡江后迅速攻占樊山寨(今湖北省鄂城西部),左厢战棹都监田钦祚率军渡江后一举攻破溧水(今江苏省南京市中南部),歼灭万余南唐军,并击杀其都统李雄。开战伊始,南唐军便节节败退,而宋军先锋曹彬率领的水军已逼近南唐都城金陵,协战的潘美率领的步兵也已抵达长江北岸,中路水陆两军约十万大兵对南唐虎视眈眈,加上其余两路大军合而攻之,南唐四面楚歌。

攻城之战乃重中之重。为了不延误战机,潘美没有等舰船齐备统一出发,而是先让部分士兵渡江,尽早与曹彬一方会合。金陵的守将是皇甫继勋,此人乃南唐名将皇甫晖之子,皇甫晖在抵抗后周进犯南唐时于清流关牺牲。皇甫继勋从小便在父亲的军营中长大,他凭借家世,做上军校一职。皇甫晖死后,皇甫继勋子承父位,擢升为将军。并无战功的他，靠着父辈的庇荫，仕途平坦顺利。李煜视他为将门之后，便在危急存亡之际将守城重任托付于他，命他为南唐主帅。但不同于骁勇的父亲，皇甫继勋是个追求富贵、贪生怕死之辈，见敌我力量悬殊，他并不打算死保南唐，而是做好了卖主求荣的准备。此时，李煜尚不知自己所托非人。朝廷内掌握军务重任的是大臣陈乔和张洎，他们是坚定的"死战派"，提出坚壁抵抗、以逸待劳的策略，与李煜固守金陵的想法吻合。但他们对用兵打仗之事一知半解，并未及时察觉皇甫继勋的可疑举动。据史书记载，皇甫继勋私下里常常把"降宋"挂在嘴边，希望李煜尽早投降，自己好另择新主。因此，每逢听到前线传来战败的消息，他总是面有喜色，相反，若有部下出谋划策助南唐军抗宋或主动请缨要求上阵杀敌，皇甫继勋则对其进行无理的斥责、鞭打甚至囚禁，这种匪夷所思的做法令将士们非常愤慨，连老百姓亦对其深恶痛绝。

皇甫继勋作为主帅如此消极怠战，南唐的局势岌岌可危。战事打响后，李煜命他统率十万余水陆军驻扎在金陵城外的秦淮河，以此为防线守卫都城；其间，李煜多次宣皇甫继勋进宫，命他报告战事概况。皇甫继勋或隐瞒重要军事情报，避重就轻，或找寻借口，推诿不见，以至于宋军已经逼近都城时，李煜还懵然不知，误以为金陵城安然无恙的李煜甚至下令官员主持贡举。皇甫继勋如此欺君罔上，可谓闻所未闻。

正当李煜还被蒙在鼓里时，曹彬与潘美的大军已集结完毕，准备攻打驻守在秦淮河的南唐军。与此同时，宋军中路的另一指挥使李汉琼亦准备率兵渡过秦淮河。他在船上载满芦苇，预备对南唐水寨实施火攻。宋军来势汹汹，南唐军无力抵抗，致使败仗连连。李汉琼的火攻作战取得奇效，几经努力，北宋军歼灭南唐水军数万。曹彬与潘美所率部队亦节节胜利，宋军已逼近金陵城下。驻守秦淮河的南唐军兵力损失惨重，形势每况愈下。主帅皇甫继勋为了掩盖败绩，竟扣押各处战线的告急文书，使朝廷无法反应，战事激烈的地区亦等不到援兵。不仅如此，在这样的危急关头，皇甫继勋却还想着排除异己。当时，南唐有才能的将领寥寥无几，卢绛是其中之一。在宋军攻打秦淮河防线时，卢绛坐守水寨，凭借果敢与坚毅，多次带兵击退渡河的宋军，一时之间，他在军中的威望甚高。皇甫继勋妒忌卢绛的才能，谎报军情，以润州告急需要援兵为由，趁机说服李煜将卢绛调离金陵。此举令卢绛拼力守护的水寨被宋军一举攻破，秦淮河防线被打开缺口，宋军顺势一拥而上，城外的南唐守军寡不敌众，几乎被消灭殆尽，重要的据点亦被一一占领，金陵城仿若一座孤城。

直到几个月后的一天，李煜在深宫中忽然听到城外传来阵阵气势磅礴的军鼓声，心中疑惑不定，遂亲自登上城楼察看。一望之下，他大惊失色，只见宋军在城外的沿岸长堤布满营寨，旗帜遍地，士兵正在擂鼓声的助威下有序地进行操练。李煜环顾四周，无比骇然，金陵城已被宋军牢牢围困其中，周围垒栅纵横，无处不飘扬着宋军的战旗。惊惧、疑惑、愤怒瞬间填满了他的胸腔，回宫后李煜迅速召见皇甫继勋，质问他为何隐瞒如此重大的军情。事实胜于雄辩，皇甫继勋无法再狡辩，起初顾左右而言他，在李煜的一再叱问下，只好如实禀告南唐军目前的战况。李煜听了又惊又怒，痛斥皇甫继勋欺君罔上、谎报军情、延误战机、御敌不力，罪不可赦。据陆游《南唐书》记载，皇甫继勋被李煜下诏罢免了主帅一职后，刚走出宫门，便被愤怒的军卒和老百姓团团包围，生生被剥皮拆骨，"斯须皆尽"。也有史书记载，皇甫继勋得知李煜要将他处死，便仓皇逃出宫外，但没走多远，便被宋军擒杀。面对步步紧逼的宋军，南唐也曾组织数次反击。得知宋军成功架设浮桥后，李煜便与群臣商议应对之策。宋军仍在陆续渡河，所有的粮饷物资也将通过浮桥运送，因此南唐欲溯江而上，派兵毁坏浮桥，切断宋军的输送渠道。但宋军也早已认识到浮桥的重要性，在浮桥周围布下重重守卫，南唐军此次出击也被潘美击溃，神卫都军头郑宾等被宋军俘获。虽如此，南唐朝廷仍组织了几次有效的打击。据《资治通鉴》记载，北宋开宝七年（公元974年）十二月及开宝八年（公元975年）二月，曹彬率领的中路军曾两次遭遇位于白鹭洲（今江苏省南京市西南部）的南唐军，虽然南唐军最终战败，但双方曾僵持周旋，延缓了宋军的攻势，而在军情军机尚未被贻误时，其他地区与宋军的战事也互有拉锯。

正因南唐军的负隅顽抗，宋军即使逼近都城，也仍不敢轻举妄动。赵匡胤为了保障行军，从北宋开宝八年正月开始，不断从荆南调运军粮至金陵城外的宋军驻扎处，等待其余两路大军的合围。直到五月，中路宋军终于成功占领袁州（今江西省宜春市）、白鹭洲、江阴等地，扫清了金陵城周边的障碍。而东路军这边，同年四月，南唐驻常州守将禹万城因抵挡不住宋军和吴越军的轮番进攻，且南唐朝廷未分派援兵驰救，只好开城投降。常州失守，南唐顿陷腹背受敌之境。

攻下常州后，东路的吴越军有恃无恐，欲乘胜追击转战润州。润州相当于金陵城的东大门，一旦失守，南唐便门户大开，后果不堪设想。驻守润州的南唐军拼力抵抗，宋军一时未能攻下。西路军这边，王明率领的宋军在北宋开宝八年正月初击败南唐的鄂州军后，又于武昌攻破万余南唐守军，占领了樊山寨；四月，于江州（今江西省九江市）击败南唐军，夺取战舰五百艘，逼近湖口。宋三路大军渐呈围城之势，南唐危在旦夕。

驻守湖口的是南唐神卫军都虞侯朱令赟。他对外号称率领十五万兵力，实际拥兵十万。宋西路大军为了牵制朱令赟，阻止其东下救援金陵，不时派兵突袭，更夺取了朱令赟的部分舰船，双方进入对峙状态。此时，曹彬率领的中路大军已在金陵城外屯兵驻扎。金陵城内的守兵人数不多，李煜在深宫中焦急万分。为解围城之困，他与军政大臣陈乔商议后，决定派人暗中潜出宫外，飞马下诏命朱令赟火速率领十万湖口兵救援金陵。湖口众将士得知国主遇危，纷纷请求朱令赟趁长江水位上涨乘船东下勤王，而被宋西路大军苦苦牵制的朱令赟则满心顾虑，唯恐宋军乘机占据后方，继而切断己方粮道，因此迟迟不敢东进。

时不待人，北宋开宝八年六月，曹彬军开始攻城，未几，便击败金陵城两万余南唐军，并夺取大量战舰。八月，东路的吴越军再次进犯润州，宋将丁德裕在润州击败数千南唐军。此时，驻守润州的是刚被册封为润州节度使的南唐大臣刘澄。早在李煜还未继位时刘澄便是他身边的下属，因此，还算是他的亲信。早先润州时不时遭遇宋军与吴越军的侵扰，朝中大臣纷纷建议为润州选择良将驻守，因为润州的战略位置极为重要，万不可失。朝廷原本属意的人选是有勇有谋的卢绛，但当时卢绛坚守秦淮河水寨防线，不宜调动。于是，李煜左思右想，便想到了刘澄。刘澄平时颇受李煜厚待，李煜相信他能尽忠职守。

临行前，李煜为他设宴饯别，语重心长地对他说："孤本不忍将你调离金陵，但润州乃金陵之门户，关乎国家存亡，爱卿必须坚守润州，莫要辜负孤与百姓的厚望。"贪生怕死的刘澄在李煜面前装出一副壮士断腕的豪烈模样，悲怆地对李煜叩首道："臣追随陛下多年，陛下的提拔之恩臣没齿难忘。此次受命必定誓死坚守润州，润州在，臣在！润州亡，臣亡！"刘澄"慷慨激昂"一番后便与李煜洒泪拜别。但临走时，他却将家中金银财宝统统运走，美其名曰拉到润州充作军资，为国家略尽绵力，李煜竟为其花言巧语感动不已。

刘澄到达润州后不久，吴越军兵临城下。此时有副将建议，可趁吴越军垒栅未稳时出兵突袭，大伤吴越军元气。但刘澄却不以为然，不欲多生枝节，便对将士们说："除非有必胜的把握，否则不可贸然出兵，焉知这不是敌人的诱敌之计？我们还是安守城中，等待援兵为好。"实际上，刘澄此时已生出投降的念头，因为他知道赵匡胤历来善待主动投降之人，而他后来的所作所为更证明了这一点。

在润州城内安逸度日的刘澄果真等来了朝廷的援兵——卢绛及其所率将士。因受皇甫继勋嫉恨，且李煜误信谗言，卢绛被调往润州。有了卢绛的协助，润州虽屡受敌军进攻，但依然未被宋军与吴越军攻破。渐渐地，刘澄在军中的声望不及卢绛，因此，他也对卢绛生出嫉恨与猜忌之心，想把卢绛赶走，况且卢绛主张坚守润州，绝对不同意投降。

一日，刘澄假意与卢绛攀谈，言语之间提及金陵，说道："如今我们两员大将死守润州也起不到什么作用，金陵被宋军围困，无论如何都该率兵前去救援。"这话说动了卢绛，与其在润州和宋军周旋，不如率兵勤王。卢绛带兵离开润州时，隐隐有些不安。他谨慎叮嘱刘澄："我走之后，润州就全靠你了，你是这里的守将，无论如何都要死守，不可弃城投降。"但刘澄此时已下定决心要投降，据史书记载，卢绛刚从润州离开，刘澄便召集众将士，鼓动他们向宋朝投诚，说："各位，眼下的境况十分危急，我们同心协力已在此坚守数月，但形势对我们很不利，敌众我寡，再这样耗下去，我们只有死路一条，不知诸位有何打算？"众人一听，心下了然，刘澄是在胁迫他们一同投降，"叛国罪"三个字重重压在将士们的心上。他们大多上有老下有小，一旦投降，亲人必定受到株连。想到此，许多将士哭泣起来，刘澄见状，假装伤感地说："我受到的恩泽比你们的深厚得多，做此选择，我更加难安，况且我的家人就在金陵城内，我何尝不担心他们的安危？但国之将亡，如我们死守，换来的只会是屠城的下场，与其徒劳无功，不如保全性命，为家族留下血脉。只要活着，就不愁那富贵功名。"听了刘澄虚情假意的一番话，将士们知道润州无论如何也保不住了。北宋开宝八年九月，刘澄开门投降，将润州拱手相让，吴越军占领润州。当刘澄投降叛国的消息传到金陵时，朝野震惊，李煜念及私情，本想免其家人死罪，但群臣激愤不已，尤其是军政大臣陈乔，他强烈要求处死刘澄的家眷。行刑时，陈乔得知刘澄有一女儿已婚配只是尚未出嫁，欲上奏赦免她，但她却说自己的父亲叛国投降，作为叛臣之女，她无颜苟活于世，于是慷慨赴死。

润州失守后，宋军如入无人之境，长驱直入，宋东路大军即将与中路大军会师。南唐的未来，愈加悲凉可叹……

失宗社，含辱事宋

北宋开宝八年十月，朱令赟离开刘澄，率兵乘船前往金陵救驾。部分战舰被宋军夺去导致南唐军船只不足，仅有的战舰坐满后，大批士卒只能搭乘临时建造的约数百米长的木筏跟随大舰船从湖口顺流东进。此行除了勤王外，朱令赟还打算一举冲断宋军架设于采石矶的浮桥。但此时，长江水位已经下降，航道变窄，江面水浅导致大船不能并行，南唐军无法迅速前进。

王明率领宋朝东路军密切关注南唐军的动向。他先率领士兵屯扎在独树口（今安徽省安庆市一带），再派其子火速赶往汴京面见赵匡胤奏报此事。赵匡胤得知后，派人暗中将应对之策告知王明。王明按照指示命士兵沿江策马，赶在朱令赟大军的前面，在江中的沙洲和岸边立起许多船桅形木桩，以迷惑南唐军。王明沿途不时发起突袭，朱令赟不得不与其交战，南唐军再次被宋军牵制，大大放缓了东进速度。

十月二十一日，朱令赟乘坐的可容纳千人的大舰船行至皖水的入江口皖口（今安徽省安庆市西南）。不料，宋军已有兵力驻扎在此。宋行营都指挥使刘遇命士兵全力阻截，对南唐军发动猛烈的攻击。情急之下，朱令赟下令对宋军浇油纵火，这一行动使宋军措手不及，大火连绵于宋军中，使其逐渐落入下风。可惜天意弄人，在宋军即将无法支撑时，风向突然改变，刮起的北风反而烧向位于南部的南唐军。战舰燃起熊熊烈火，朱令赟于混战之中被烧死，众将士不战而溃。随后赶至的宋援军缴获了南唐数万兵器，俘获了战棹都虞侯王晖等人。

李煜不但没等到援军，反而接连遭到毁灭性的打击，已方寸大乱。要知道，朱令赟的十万大军是南唐最后的资本，如今溃不成军，金陵形势越发危急。绝望的李煜想着这大好河山、祖宗基业，又想到城外来势凶猛的宋军，不禁想南唐何罪之有？他悲从心生，遂缓缓提起笔、铺开纸，写下这篇悲怆凄楚、动人肺腑且文采斐然的《乞缓师表》。

乞缓师表

臣猥以幽孱，曲承临照。僻在幽远，忠义自持。唯将一心，上结明主。比蒙号召，自取愆尤。王师四临，无往不克。穷途道迫，天实为之。北望天门，心悬魏阙。嗟一城生聚，吾君赤子也。微臣薄躯，吾君外臣也。忍使一朝，便忘覆育，号咷郁咽，盍见舍乎？

臣性实愚昧，才无异禀，受皇朝奖与，首冠万方，奈何一日自踵蜀汉不臣之子，同群合类而为囚虏乎？贻责天下，取辱祖先，臣所以不忍也。岂独臣不忍为，亦圣君不忍令臣之为也。况乎名辱身毁，古之人所嫌畏者也。人所嫌畏，臣不敢嫌畏也。惟陛下宽之赦之。

臣又闻鸟兽微物也，依人而犹哀之。君臣大义也，倾忠能无怜乎？倘令臣进退之迹，不至丑恶，宗社之失，不自臣身，是臣生死之愿毕矣，实存没之幸也。岂惟存没之幸也，实举国之受赐也。岂惟举国之受赐也，实天下之鼓舞也。皇天后土，实鉴斯言。

这篇表文句句断肠、字字泣血，李煜在表中向赵匡胤再三表明南唐的忠心以及对宋朝绝对的臣服，而且奉赵匡胤为明主、圣君，乞求他延缓出师。他称自己生性愚钝，没有才能，唯愿偏安一隅，保住祖宗基业。为何李煜忍辱偷生都要守住祖宗基业？文中有这样一句话体现出他的所思所想："倘令臣进退之迹，不至丑恶，宗社之失，不自臣身，是臣生死之愿毕矣……"他不愿受辱投降，不愿把南唐江山断送在自己手上，使自己"贻责天下，取辱祖先"。

北宋开宝八年十月底，大臣徐铉和周惟简作为正副使，带着这篇承载了李煜"毕生所愿"的《乞缓师表》以及大量金银财帛，快马加鞭地赶往汴京面见赵匡胤。① 他们此行奉李煜之命，务必要与宋朝求和，说服赵匡胤停止侵略南唐。这基本上是一个无法完成的任务。纵使如徐铉般能言善辩、才思敏捷，也没有信心说服赵匡胤撤兵，临危受命的两个人只得夜夜商议对策，很快，他们便到达汴京。

见到赵匡胤后，徐铉率先奉上大批进贡之物，言语间对赵匡胤不卑不亢，十分镇定。叩拜毕，徐铉便呈上李煜的《乞缓师表》。为了不辱使命，徐铉沉着冷静地开口阐述，称南唐自从臣服宋朝后，一直恪守本分、恭谨有加，每年多次朝贡，所有礼节一应俱全，所以李煜因身体抱恙无法入宋朝见不应成为赵匡胤出兵的理由。徐铉

---

① 本书采用陆游所撰《南唐书》的说法，另根据北宋马令撰《南唐书》记载，《乞缓师表》作于北宋天宝七年（公元 974 年）宋军大举进犯南唐时。

言下之意是赵匡胤师出无名，将被天下人诟病。赵匡胤听了没有生气，反而让他慢慢道来。徐铉据理力争，用天与地、父与子来形容赵匡胤与李煜的关系。如果说赵匡胤是主宰万物的上天，李煜便是受天神普照的大地，只有仰望与臣服；如果赵匡胤是万民之父，李煜便是其中一个恭敬温顺的子民，绝无忤逆之心。说到这儿，徐铉便反问赵匡胤："李煜像儿子尊敬父亲一样对宋朝廷谦顺有加，您为何还要出兵南唐，天下哪有父伐子的道理？"

面对徐铉的诘问，赵匡胤不假思索地反问道："既是父子，为何两处吃饭？"在赵匡胤看来，如果按照徐铉父慈子孝的说法，李煜更应当入宋，永远留在汴京，以尽"孝道"，而不是一再推诿不见。徐铉没想到赵匡胤反将一军，一时无言以对，随后只能连连解释李煜不入朝的缘由，赵匡胤面无表情，丝毫不为所动。徐铉见状，愤慨问道："请陛下明言告知，江南国主何罪之有？"

赵匡胤听罢，手抚剑柄，兀然起立，大声对徐铉说出那句千古名言："不须多言，江南亦有何罪？但天下一家，卧榻之侧，岂容他人鼾睡乎！"

徐铉闻言，不由一怔，随后如同霜打的茄子一般彻底蔫了。他知道南唐无论如何挣扎都难保周全，只得向赵匡胤告退，立马与周惟简返回金陵复命。自宋军成功渡江后，金陵足足被围困九月有余。在长期的围城战中，宋将曹彬一直秉承赵匡胤的旨意，尽量避免损兵折将。在他看来，南唐迟早是宋朝的囊中之物，如果太过毁坏如此物产丰饶之地，只会得不偿失。因此，他采取缓攻策略，希望李煜开城投降。此外，曹彬还不时派人向李煜传信，为免江南国生灵涂炭，只有投诚才是上策。

据陆游《南唐书》记载，金陵城被宋军包围后，"城中米斗万钱，人病足弱，死者相枕籍"。宋军切断了金陵城中粮食、食盐等生活必需品的供应，加上时疫流行，无数百姓病死道旁。

当年十一月二十七日，金陵城破，南唐守将马承俊、马承信及咼彦战死，曹彬率军攻入皇宫。此时，李煜正与小周后在一起，只见内侍慌忙进来禀告，称宋军已破内城，正在前往禁中的路上。未几，又有内侍前来，称宋将曹彬遣来使者，请李煜出宫。李煜闻言，颓然无语，只传旨命心腹大臣齐聚澄心堂，商议投降事宜。大臣陈乔不能接受亡国事实，感到愧对李煜，请求赐死，李煜不允，最后陈乔自缢而亡。二十八日，宋将曹彬举行了受降仪式，李煜脱下锦袍，肉袒而出，手持降表和国玺，身后跟着百官和妃嫔。在受降前，李煜命黄保仪将宫中珍藏的字画古董付之一炬，曹彬发现后，连忙带人灭火，挽救了部分珍贵藏品。他还遣散了后宫，有些宫女自行离去，有些则誓死跟随李煜入宋。

到了离宫那日，众人心情复杂，李煜最后一次跪拜了祖父和父亲的牌位后，带着小周后等女眷以及一众官员登船前往汴京。时至深冬，李煜心中的寒意早已透骨。尽管曹彬此前曾向士兵三令五申入城后不得烧杀抢掠，但城内仍是一片狼藉。李煜走出宫门，看着沿途的街道失去了往日的繁华和喧嚣，沉痛又悲凉，今日惜别故国，他朝只能梦里重返。登上船后，李煜久久凝视着故国的方向，神思恍惚。随行的大臣徐铉写下一首《过江》，抒发了登船离国的心情。

过江

别路知何极，离肠有所思。

登舻望城远，摇橹过江迟。

断岸烟中失，长天水际垂。

此心非橘柚，不为两乡移。

船只一路朝着汴京航行，与南唐渐行渐远。船行至中江，李煜回头望向故国，亡国的巨大悲痛涌上心头，眼泪夺眶而出。随后，他怀着悲愤写下《渡中江望石城泣下》。

渡中江望石城泣下

> 江南江北旧家乡，三十年来梦一场。
> 吴苑宫闱今冷落，广陵台殿已荒凉。
> 云笼远岫愁千片，雨打归舟泪万行。
> 兄弟四人三百口，不堪闲坐细思量。

　　江南、江北都是我的家乡啊，过去的三十年就像一场梦。吴国当年的宫廷雅苑如今早已凋零冷落，广陵的亭台殿堂也已斑驳荒凉。行船至江中，看着远处被烟云笼罩的岫岩就像千万片无法消散的愁云；江上漂着几支归去的小舟，无情的雨水打在上面，见此情景，我的眼泪如决堤般一行行落下。我们兄弟四人共三百余口家眷，见此情景都不忍闲坐一处细细思量我们的过往。

　　直到沦为亡国之主，坐在北上的行船上，李煜才如梦初醒。失国失家的落魄和凄凉在"梦一场"后如冬雨般冰冷地打在李煜心上。山穷水尽、绝望无依的兄弟四人以及他们的家眷此时都感受到身为俘虏、任人宰割的痛苦，他们追悔莫及，但心内却都明了：木已成舟，为时已晚。

　　往年十一、十二月，南唐宫里宫外、大街小巷都已经张灯结彩，年味十足。这个新年，李煜是在船上过的，这是他人生中最凄清的一个年节。北宋开宝九年（公元976年）正月，李煜一行人抵达汴京，城内十分热闹，男女老少的脸上都洋溢着春节的喜意。与之相比，李煜一行人更显得愁云惨雾。

到达汴京后，李煜得知自己还要再次接受屈辱的投降仪式。赵匡胤把受降仪式的地点定在明德楼，李煜及一众江南臣属均着白衣，在礼官的指引下，虔诚跪伏，等待赵匡胤的处置。宋将曹彬首先将于北宋开宝八年十一月拟好的宋平定江南的文告《升州行营擒李煜露布》呈送给赵匡胤。

升州行营擒李煜露布

升州行营马步军战棹都部署、宣徽南院使、义成军节度使臣曹彬等上尚书兵部：

臣等闻天道之生成庶类，不无雷电之威；圣君之统制万邦，必有干戈之役。所以表阴惨阳舒之义，彰吊民伐罪之功。我国家开万世之基，应千年之运。四海尽归于临照，八纮皆入于提封。西定巴、邛，复五千里升平之地；南收岭表，除七十年僭伪之邦。巍巍而帝道弥光，赫赫而皇威远被。

顷者因缘丧乱，分裂土疆。累朝皆遇于暗君，莫能开拓；中夏今逢于英主，无不扫除。惟彼江南，言修臣礼，外示恭勤之貌，内怀奸诈之谋。况李煜比是呆童，固无远略。负君亲之煦育，信左右之奸邪。曾乖量力之心，但贮欺天之意。修葺城垒，欲为固守之谋；招纳叛亡，潜萌抵拒之意。我皇帝义深含垢，志在包荒。擢青琐之近臣，降紫泥之丹诏，曲示推恩之道，俾修入觐之仪，期暂诣于阙庭，庶尽销于疑间。示信特开于生路，执迷自履于危途，托疾不朝，坚心背顺。士庶咸怀于愤激，君亲曲为之优容，但矜孤孽之愚蒙，虑陷人民于涂炭，累宣明旨，庶俾自新。略无悛悟之心，转恣陆梁之性。事不获已，至于用兵。大江特创于长桥，锐旅寻围其逆垒。皇帝陛下尚垂恩宥，终欲保全，遣亲弟从镒归，回降天书，委曲抚喻，务从庇护，无所阙焉。终怀蛇豕之心，不体乾坤之造。送蜡书则勾连逆冠，肆凶徒则劫掠王民。劳我大军，驻逾周岁。既人神之共怒，复飞走以无门。貔貅竟效其先登，虮虱自悲于相吊。

臣等于十一月二十七日，齐驱战士，直取孤城。奸臣无漏于网中，李煜生擒于麾下。千里之氛霾顿息，万家之生聚寻安。其在城官吏、僧道、军人、百姓等久在偏方，困于虐政，喜逢荡定，皆遂舒苏。望天朝而无不涕洟，乐皇化而惟知鼓舞。有以见穹旻助顺，海岳知归。当圣朝临御之期，是文轨混同之日。卷甲而兵锋永戢，垂衣而帝祚无穷。

臣等俱乏将材，谬司戎律。遥禀一人之睿略，幸成九伐之微劳。其江南国主煜并伪命臣寮已下若干人，既就生擒，合将献捷。臣等无任歌时乐圣、庆快欢呼之至。谨奉露布以闻。

赵匡胤过目后，曹彬还须将这篇文告当众宣读。"露布"是古代的一种传播媒介，指帛制的旗子上书写的文字，多用于传递军事捷报或者檄文，具有通报四方之意，公开性非常强。所谓"成者为王，败者为寇"，这样的文告只会书写胜利者的伟大并丑化失败者的人格，曹彬在文告中对李煜极尽诋毁和抹黑。宣读过后，赵匡胤命内侍太监宣读对李煜的册封诏书。

上天之德，本于好生，为君之心，贵乎寒垢。自乱离之云瘼，致跨据之相承，谕文告而弗宾，申吊伐而斯在。庆兹混一，加以宠绥。

江南伪主李煜，承弈世之遗基，据偏方而窃号，惟乃先父早荷朝恩，当尔袭位之初，未尝禀命。朕方示以宽大，每为含容。虽陈内附之言，罔效骏奔之礼。聚兵峻垒，包蓄日彰。朕欲全彼始终，去其疑间，虽颁召节，亦冀来朝，庶成玉帛之仪，岂愿干戈之役？塞然弗顾，潜蓄阴谋。劳锐旅以徂征，傅孤城而问罪。洎闻危迫，累示招携，何迷复之不悛，果覆亡之自掇。

昔者唐尧光宅，非无丹浦之师；夏禹泣辜，不赦防风之罪。稽诸古典，谅有明刑。朕以道在包荒，恩推恶杀。在昔骡车出蜀，青盖辞吴，彼皆闰位之降君，不预中朝之正朔，及颁爵命，方列公侯。尔实为外臣，庆我恩德，比禅与皓，又非其伦。特升拱极之班，赐以列侯之号，式优待遇，尽舍尤违。今授尔为光禄大夫、检校太傅、右千牛卫上将军，封违命侯，尔其钦哉！毋再负德！此诏。

从授予李煜"违命侯"的封号可以看出赵匡胤心含怨怒。赵匡胤因为征伐南唐不甚顺利，足足僵持了一年才攻下，又因李煜誓不入朝，极尽抵抗，赐予他一个侮辱性的封号。

李煜沉重地接过诏书，"违命侯"这三个字如同将他钉在耻辱柱上。听完宣读后，他感到脸上一阵火辣辣的刺疼。士可杀不可辱，赵匡胤欺人太甚。接着是对其余人等的册封，小周后被封为郑国夫人，随李煜迁居礼贤宅，李煜长子李仲寓则被封为左千牛卫大将军。一众南唐旧臣的待遇和从前相差无几，其中徐铉特别受到赵匡胤的接见和问询。赵匡胤对徐铉印象十分深刻，便责问他为何不劝李煜早日归降。徐铉毫不畏惧地说，他是江南臣子，自然要效忠江南国主，与国家共存亡，这本是他分内之事，因此，他认为自己无罪。赵匡胤闻言，十分敬佩徐铉忠心护主。他认为，拥有如此刚直德行的人才是他真正所需要的，所以不但没有处徐铉死罪，反而对他委以重任。

住进礼贤宅的李煜无一日不思念故国。如今，他是被软禁的降王，一举一动都受到赵匡胤的密切监视，跟囚徒无异。他不像南汉后主刘铢对强宋摆出奴颜婢膝、谄媚逢迎的姿态，也无法终日声色犬马、纵情享乐，不想将满腔的愁绪与亡国之恨付诸笔墨。监视他的人将这番情形报告至赵匡胤处，赵匡胤武官出身，十分看不惯李煜此等作派。因此，每逢宫中举办宴会时，便要求李煜出席作陪。李煜在席上自然而然成为众人奚落的对象。有一次，赵匡胤讽刺李煜，当初若用写诗填词的劲头来管理国家，南唐也不至于灭亡。

李煜有一首存疑词《青玉案》，词意显浅，情感诚挚，尽管这首词有可能不是他的作品，但内容却与李煜的遭遇高度契合，在此引为参考。

青玉案

梵宫百尺同云护，渐白满苍苔路。破腊梅花李早露。银涛无际，玉山万里，寒罩江南树。

鸦啼影乱天将暮，海月纤痕映烟雾。修竹低垂孤鹤舞。杨花风弄，鹅毛天剪，总是诗人误。

末句"总是诗人误"道出李煜悲喜跌宕一生的缘由，人们常说他"可怜生在帝王家"。一心向往诗酒文艺、自由自在生活的李煜在命运的捉弄下，如今只能被囚禁在政治的牢笼中。风云诡谲的时势与李煜纵情诗酒的偏好注定其无法成为治国贤君，但正因遭逢巨变，他的身心都经历了万般痛苦煎熬，后世人才能欣赏到这些绝美的诗词，正所谓"国家不幸诗家幸"……

忆故国，抱恨黄泉

亡国后的李煜，住在汴京的礼贤宅，宅内具有江南特色的陈设布置令他触景生情。他的思国之情如同巨浪汹涌而来，而此时，愁绪只能化作一首首诗词。

蝶恋花[1]

遥夜亭皋闲信步。才过清明，渐觉伤春暮。数点雨声风约住，朦胧淡月云来去。

桃李依依香暗度，谁在秋千，笑里轻轻语？一片芳心千万绪，人间没个安排处。

纵然锦衣玉食如旧，歌舞升平如昔，李煜也只听到风声雨声，

---

[1] 《全宋词》《南唐二主词校订》等书以为该词作者是北宋诗人李冠，且词牌名后有题作"春暮"。而《全唐诗》《南唐二主词》等书则认为该词作者是李煜，本书尊此说。

只看到淡月残云；桃花、杏花开得越烂漫，越引起李煜心底的万千愁绪，天下之大，竟觉得自己的心无处安放。

破阵子

四十年来家国，三千里地山河。凤阁龙楼连霄汉，玉树琼枝作烟萝，几曾识干戈？

一旦归为臣虏，沈腰潘鬓消磨。最是仓皇辞庙日，教坊犹奏别离歌，垂泪对宫娥。

南唐存国近四十年，国土方圆三千里。曾经高耸入云霄的楼阁殿宇如今早已荒废，苑囿中的嘉树美卉也已被杂草淹没、缠绕。如今李煜离乡千里，前途未卜，在这异国他乡寄人篱下，仰人鼻息。记忆中的百尺楼、绮霞阁，是何其高大华丽，犹记得匆忙离去时，乐坊的宫娥还为他演奏离别之歌。听着那哀怨伤感的乐曲，悔恨和痛苦萦绕胸间，他有口难开，唯有默默垂泪。

望江南

其一

多少恨，昨夜梦魂中。还似旧时游上苑，车如流水马如龙。花月正春风。

无论白天还是黑夜，故国的人和事都不断浮现在李煜的脑海中。平日里，他有苦难言，有恨难抒，唯有在梦中才感到自由，如昨夜梦回江南，又见赏春时节，睹皇家园林中香车宝马络绎不绝的盛况。

其二

多少泪，断脸复横颐。心事莫将和泪说，凤笙休向泪时吹。肠断更无疑。

这孤独而耻辱的监禁生活是多么凄惶和苦闷。李煜曾在信中对旧日宫人慨叹："此中日夕，只以泪洗面耳。"短短二十余字的词中便三次出现"泪"，而且这泪水昼夜横流，尤其听到凤笙呜咽般的鸣奏，泪流不止，更令人肝肠寸断。

时日渐移，北宋开宝九年十月，身体一直无恙的赵匡胤离奇暴毙。据史书记载，赵匡胤在一个冬夜与其弟赵光义饮了一顿酒，过了数小时后，便在宫中撒手人寰。皇室档案对赵匡胤的死因以及死亡前后发生的事只字不提，正史以及记录赵匡胤日常生活作息的《太祖实录旧录》同样如此，只简略记述了赵匡胤驾崩于何地和寿数。这是非常反常的，作为万民敬仰的天子，身体稍有不适，必定有御医问疾、大臣探视，即使帝王宾天后，亦应检查其体表症状，记录在案，断不会草草了事。于是，关于赵匡胤的离奇暴毙，历史上出现了很多捕风捉影的说法，一说酒精中毒而死，一说突发脑溢血而死，而大部分说法则将怀疑方向指向晋王赵光义。因为最后继承皇位的不是赵匡胤两个成年的儿子，而是赵光义。并且，赵光义素有劣迹，惯用下毒的伎俩铲除异己，如后蜀国主孟昶、南唐后主李煜以及吴越王钱俶均是入宋后被赵光义投毒后暴毙而亡，因此，后人认为他的嫌疑最大。

此外，赵匡胤死后，赵光义在几位大臣的帮助下即时入宫夺权，当时的皇后束手待之，只对赵光义说了一句"吾母子之命，皆托官家"。宋皇后等于默认赵光义为帝。他的整个上位过程相当顺利，他即位后又对曾经帮助他夺权的大臣论功封赏，因此，后世很多人认为赵光义早有篡位之心。

赵光义登基后，成为宋太宗。在赵匡胤驾崩的同年末，赵光义迫不及待地改元为太平兴国元年，这种做法并不符合礼制。一般而言，上一任皇帝离世后，新帝一般在第二年改元，以示忠孝。为表仁厚，赵光义还在这一年将李煜"违命侯"的封号改为"陇西郡公"，并增加了他的俸禄。表面上看，李煜的境况似乎比赵匡胤在位时改善不少，殊不知，这只是他噩梦的开端。

如果说赵匡胤只是时不时地嘲弄李煜一下，并没有太为难他，那赵光义则是实打实地侮辱李煜。李煜投降时曾令黄保仪焚烧宫中珍藏的名家墨宝和古董书画，幸而被曹彬抢救了一部分，后来这批藏品作为战利品被运入宋朝。宋朝立国之初，藏书甚少，当时的昭文馆、史馆、集贤院总共才有万余卷藏书。赵光义喜爱文学，为了防止"黄袍加身"事件的再度发生，他即位后实施了兴文教、抑武事的治国方针。北宋太平兴国三年（公元 978 年），赵光义重新选址，重建三馆，并将三馆合一，赐名"崇文院"。

从南唐运来的名贵古董字画被归置在崇文院。开启之日，赵光义特意将李煜叫去，带着他到处参观。李煜看到旧时心爱的收藏之物，不由得触景伤情，特别是看到古籍上留有他所写的批注、字画上有他写的题词和印鉴后，百感交集。赵光义故意问他："听闻你过去甚是喜欢文学，这里有不少你以前的书册，如今你归降也有一段时日了，近来可有读书？"赵光义的话就像针扎一样刺痛了李煜的心，但他仍不得不以恭顺的态度叩谢皇帝。

更让李煜备受耻辱的是，赵光义竟对小周后起了色心。据史书记载，后蜀被北宋消灭后，降王孟昶入宋七日即暴毙，其宠妃花蕊夫人被赵匡胤纳入后宫。赵光义也为花蕊夫人的倾城之貌折服，甚至想染指哥哥的妃子，但花蕊夫人不从，更在继承者的问题上向赵匡胤说了一些不利于赵光义的话，赵光义知情后大为光火，便以红颜祸水为由射杀了花蕊夫人。

至于小周后，赵光义以前顾忌赵匡胤，不敢对小周后做出格之事。如今当上皇帝，他便开始肆无忌惮。按照礼制，每逢重要的节日或活动，有封号的朝廷命妇必须入宫参加庆典。这一天是北宋太平兴国三年元宵节，小周后身为郑国夫人，理应进宫。庆典结束，小周后正准备出宫时，却接到皇后口谕，要与她谈些女红之事，为此，她留在了内宫。谁知，她等来的不是皇后，而是心怀不轨的赵光义。赵光义起初命小周后为他斟酒侍宴，最后更是强迫她侍寝。小周后在深宫中孤立无援，只得被赵光义强行霸占。赵光义一直将她囚禁在宫中凌辱，从元宵节到正月将尽，足足半个月，小周后受尽折磨。

自小周后元宵节入宫未归，李煜就惴惴不安。半个月后，小周后被送回。看到她那副生无可恋的模样，李煜猜到了七八分，屈辱、愤怒和痛苦顿时填满他的胸腔。但这仅仅是噩梦的开始，此后，小周后时常被赵光义召进宫侍奉，而且被留宫数日。赵光义为了满足自己变态的癖好，竟然命宫廷画师将他临幸小周后的过程描绘下来，历史上著名的《熙陵幸小周后图》便由此而来。

在经历了这一切后，小周后回到礼贤宅。面对怯懦的李煜，她饱含愁怨地叱问他，以发泄心中的痛苦和悲伤。李煜悲辱夹杂，作为亡国之君，他的苦楚无处宣泄，只能逆来顺受，借酒消愁，将一腔恨意化入词篇。

虞美人

风回小院庭芜绿，柳眼春相续。凭栏半日独无言，依旧竹声新月似当年。

笙歌未散尊罍在，池面冰初解。烛明香暗画楼深，满鬓青霜残雪思难任。

冬去春来，虽然天地重见生机，李煜却再无从前的心境去赏月赏乐。有限的春景与无限的愁情形成鲜明对照。想当年，池水刚解冻，便举办迎春天的宴会，舞罢歌歇之后，画楼深处暗享缠绵。再看如今，鬓边的白发如霜似雪，身体渐渐衰老，这残躯败体要如何承受思念故国之重？

子夜歌

人生愁恨何能免？消魂独我情何限！故国梦重归，觉来双泪垂。高楼谁与上？长记秋晴望。往事已成空，还如一梦中。

生而为人，谁能一生不遇"愁恨"？唯独我的"愁恨"与常人不同。江山尽失，身囚异国，只能梦归故地。醒来梦境化为乌有，除了自伤落泪，我还能怎样？遥想当年，有知心人随侍相伴，登高骋望，秋色无边，胸怀开张，心中充满希望。而如今被锁在这深院中，再不要梦寻往事了，往事如梦，梦醒成空，其情难忍。这首词如李煜脱口而出，明白如话，纯用白描，变成绝唱，为历代评家所重。

相见欢

无言独上西楼，月如钩。寂寞梧桐深院锁清秋。

剪不断，理还乱，是离愁，别是一番滋味在心头。

这首词是李煜反映亡国之痛的作品中较著名的一首，百般写情，感人至深。词词句句极尽含蓄、极尽委婉。这种无声、孤独的隐忍让后世读者感同身受他失去自由后愁绪纷乱、难以排遣的痛苦，从而触动他们的心灵。他以自然率真、饱含血泪的文字魅力写尽亡国之愁，令人肠回心倒、不胜悲戚。

浪淘沙

往事只堪哀，对景难排。秋风庭院藓侵阶。一桁珠帘闲不卷，终日谁来？

金锁已沉埋，壮气蒿莱。晚凉天净月华开。想得玉楼瑶殿影，空照秦淮。

追怀往事，徒剩哀愁，只有泪下；面对现状，悲苦难排。庭院中，秋风劲扫，梧桐叶落，阶生苔藓，久无人至。李煜枯坐室中，百无聊赖，便懒怠卷起帘子，反正终日无人前来。据北宋王铚《默记》记载，李煜的住处只有一个老卒奉旨守门，他不许任何人进入李煜的住处。如囚徒般的生活是何等难堪？一句"终日谁来"看似反问，实则李煜内心深处的凄凉叹息，令人不忍卒读。寒夜漫漫，李煜辗转难眠，身为亡国之君，他无比思念故国。"金锁已沉埋，壮气蒿莱"，东吴末帝孙皓为了抵抗西晋军，依靠长江天险，用铁锁链横截大江要害堵截晋船，但最终依然难逃失败灭亡的命运。而今，自己也同为亡国之主，在月华高悬、天空如洗的夜晚，不禁想起昔日南唐的玲珑楼阁。清澈皎洁的月光铺洒而下，它们的倒影定会投映在荡漾的秦淮河水中。然而，如今人已去，繁华也幻变成空。词中多处景物均被李煜注入锥心伤痛，读来令人凄咽怅惘、低回不已。

浪淘沙

帘外雨潺潺，春意阑珊。罗衾不耐五更寒。梦里不知身是客，一晌贪欢。

独自莫凭栏，无限江山，别时容易见时难。流水落花春去也，天上人间。

相比前一首《浪淘沙》，这首词的意境更为凄苦。晚清学者王闿运曾评论此词"高妙超脱，一往情深"。暮春时节，夜雨绵绵。半夜梦醒的李煜听着潺潺雨声，身盖薄衾，内心更觉凄切。回想刚才的梦境，梦中的自己多么欢乐啊，仿佛回到往日，饮酒作诗、长歌醉舞。而环顾四周，黑暗、冷清、夜雨、身寒，这是个多么残酷的现实！独自一人时，实在不忍登高凭栏远望，因为抬望眼，无限江山尽入眼底。那自由自在、欢乐天堂般的江山也曾属于自己啊，可如今呢？流连异乡，想见故国都是难上加难。"自是人生长恨水长东"，花落春尽，自己也要和欢乐人生做最后的诀别了，国破家亡，实乃千古之憾也！王国维在《人间词话》中非常中肯地评价了李煜词作在词史上的地位："词至李后主而眼界始大、感慨遂深，遂变伶工之词而为士大夫之词。"《浪淘沙》即是典型。

相见欢

昨夜风兼雨，帘帏飒飒秋声。烛残漏滴频欹枕。起坐不能平。

世事漫随流水，算来一梦浮生。醉乡路稳宜频到，此外不堪行。

这首词写尽李煜降宋后的生活实况和囚居心境。他首先以浅近直白的话语陈述夜半实景：窗外秋风秋雨，满耳飒飒秋声，不胜凄凉；屋内唯有孤灯残漏相伴，身拥寒衾，不能安眠。这是李煜从未感受过的环境，孤独、悔恨迫使他不得不面对现实，试图摆脱"起坐不能平"的心情。想他曾经身为国主，如今却因贪生怕死在宋朝受尽屈辱；强敌入境时，因识人不明错杀忠贤；敌兵进宫后，失去自焚的勇气，竟袒肉出降；赵光义得寸进尺，凌辱爱妻……一切都涌上心头，他痛苦地看着自己因恐惧和侥幸而苟延残喘的可恶面目，多么令人鄙弃！该如何从中解脱呢？他仿佛自言自语的安慰，"世事漫随流水，算来一梦浮生"，人生如梦，过去的事情就让它如水般流逝吧。这种遮遮掩掩、自我安慰的口吻一如阿Q的"精神胜利法"。假如"浮生如梦"的劝慰无法消解内心苦闷，那就借酒浇愁吧，直到进入"醉乡"方可忘掉那些悲愁。此外，别无他法。李煜在这首词中倾注的感情十分消极，近代诗人俞陛云评此词"写牢愁之极致"。

乌夜啼

林花谢了春红，太匆匆。无奈朝来寒雨晚来风。

胭脂泪，留人醉，几时重。自是人生长恨水长东。

这首词一不专写伤春，二不专写伤别，内容悲凉绵远，婉约深邃。李煜以花喻己，林花凋落，春光易逝，匆忙之间繁华刹那消散。疾风骤雨紧随其后，轮番迫害。面对残酷的环境，李煜束手无策，只能长叹"无奈"，其怯懦卑微的心态跃然纸上。饱经风雨的"春红"凋零惨淡，"胭脂"失色垂泪。人和花都惨遭摧残迫害，不得不遗下沉醉与迷恋、愁恨与哀思，"剪不断，理还乱"。几时才有落花重返枝头、离人重归故土的一天呢？怕是不可能了，人生常怀忧恨、自然界的流水总是东去……李煜在词尾将花事与人事合为一体，并升华为对历史、自然和人生的悲愤慨叹。自此，他似乎已看透一切：人生是苦海，如流水般逝去才能解脱。这首词语调凄婉，是李清照在《词论》中指出的所谓"亡国之音哀以思"。

望江梅

其一

闲梦远，南国正芳春。船上管弦江面绿，满城飞絮辊轻尘。忙杀看花人。

其二

闲梦远，南国正清秋。千里江山寒色远，芦花深处泊孤舟。笛在月明楼。

以上两首词是李煜对江南两个季节的回忆之作。前一首回忆南国之春，情调轻快，色调温暖；后一首回忆南国之秋，情调凄清，色调寒冷。李煜遵照自己的真实感受，将幻梦与回忆倾注笔端，将故国之思跃然纸上。两首词都以"闲梦远"起头，"闲"不是悠闲自在，而是闲得无奈；"梦"是全词之眼，故国的繁华兴盛转瞬间烟消云散，宛如一梦；"远"不仅仅指路途遥远，更是江南再无逢期，今生难得再见故国之意。故国的春天万紫千红，繁花千姿百态、芳香浓郁，令人赏心悦目。秦淮河水面碧清，船多如鲫，船上灯火辉煌、笑语声喧，美妙的丝竹管乐借着水流回荡在清泛涟漪的秦淮河上。城内柳絮杨花漫天飞撒，来往的行人车辆穿梭交织，扬起浮尘。这倒忙坏了看花的百姓，他们目不暇接，不知该先看秦淮美景还是杨柳繁花。在李煜的回忆中，江南春景繁华热闹，相比之下，此时的他无限孤寂、难堪，甚是怀念江南的人与物。后一首，李煜回忆了江南之秋。南国千里江山笼罩在略带寒意的秋色中，一只孤独的小舟停泊在芦花荡深处。月出高山，月光清洒在楼台上，笛声从楼台间向外飘扬。南国之秋如此寒凉，李煜的心境亦偏于清冷，秋怀渺渺，梦何以堪？这两首小令都采用了虚实结合的手法，如诗如画。

李煜爱好填词编曲，入宋后依然如此，宋朝两任皇帝在礼贤宅内为他配有伶人乐工。闲极无聊时，李煜会将新写的词交给他们排练。渐渐地，这些作品便传到民间，引起文人骚客的追捧和赞赏。赵光义得知此事后，甚为不悦，因为李煜所写的多是对故国的怀恋。在赵光义看来，李煜对故国念念不忘便是对他这个皇帝的大不敬。于是，赵光义派江南旧臣徐铉前去试探。他并没有将实情告诉徐铉，只命他得空去看望旧主。自入宋后，徐铉也很牵挂李煜，只是不敢私自前去探望，听赵光义此话，他从心里感激皇帝的仁厚。来到李煜的居所，徐铉见一老卒把守院门。待交涉、通禀后，徐铉进到庭院等候。不多时，李煜走来，只见他头戴纱帽、身穿道服。徐铉正要叩拜，李煜急忙迎下台阶扶起徐铉，拉着他的手进入上厅。徐铉欲执臣子之礼，李煜阻止了他，并安排落座。随后，他对着徐铉放声大哭，待情绪逐渐稳定后，二人沉默相对。不知过了多久，李煜突然长叹一声："当时悔杀了潘佑、李平。"徐铉心下怅然，事已至此，再多的懊悔也无济于事，更何况此地不是江南。他机警地转移话题，暗中示意李煜调整情绪，否则只会徒增祸事。李煜也知道自己失言了，只得与徐铉叙说一些无关紧要的事，两人并不知，这次会面竟是永诀。

就在徐铉踏出礼贤宅后，赵光义立马召见了他。在其胁迫下，徐铉无奈地将他与李煜的对话内容全部告诉赵光义。听完禀告，赵光义脸色铁青。生性多疑的他得知李煜后悔错杀潘佑等忠臣后，不由得重新考虑李煜的生死。

偏偏在这时，李煜给自己招来了一道"催命符"。乞巧节那天是李煜的生辰，礼贤宅里难得热闹起来，虽然无法跟南唐时的盛况相比，但大家仍想为李煜庆祝一番。不少旧时的宫嫔自愿随他入宋。她们操办了一个简单而不失优雅的生辰宴会，美酒佳肴、丝竹舞蹈，一应俱全。宴会开始，乐曲奏响，气氛没有预想的热烈，反而萦绕着淡淡的伤感。此情此景又勾起了李煜对江南故国的思念，他挥笔写下《虞美人》。

虞美人

春花秋月何时了？往事知多少。小楼昨夜又东风，故国不堪回首月明中。

雕栏玉砌应犹在，只是朱颜改。问君能有几多愁？恰似一江春水向东流。

礼贤宅内传出的歌乐之声使赵光义非常不满，待听到《虞美人》的词句后，赵光义对李煜不加掩饰的故国愁思愤怒到极点。他从词中感受到李煜对于过去种种行为的懊悔，虽然此时的李煜手无寸铁，但他创作的诗词在宫外反响甚大，尤其对于南唐旧民，只要旧主尚在，他们就对复辟心存希望，在无形中对赵光义的统治形成一定的威胁。加上赵光义准备御驾亲征北汉，他绝不能容忍汴京出现任何差错。想到这，赵光义狠下了决心。

对李煜起了杀心的赵光义决定趁着李煜生辰，以皇帝的名义赐他一杯毒酒。他投放的毒药名为"牵机药"，据说这种毒药会慢慢破坏人的中枢神经，令人死状惨烈。而史料的确有记载，李煜喝下毒酒后，躯体产生了强烈的抽搐，死后头部和足部相叠，整个过程痛不欲生。

北宋太平兴国三年七月初七，李煜薨于礼贤宅，终年四十二岁。狠辣的赵光义将他的生日变成忌日，千古词帝就此魂断汴京。李煜的死讯传出后，赵光义装作刚知道的模样，假意哀悼一番，下令废朝三日，为李煜举行十分隆重的丧礼，并追封吴王、追赠太师，以王礼将他安葬在洛阳北邙山。另外，赵光义还命徐铉为李煜写墓志铭。奉诏撰铭对文臣来说是很大的荣耀，徐铉身为南唐旧臣一直跟随李煜，能为旧主写墓志铭是理应之至，但他深知，这篇铭文甚是难写，因为李煜的身份和死因都十分特殊，分寸极难把握，褒扬李煜会得罪大宋皇帝，贬低李煜则显得他忘恩负义，定受天下人唾骂。无奈之下，徐铉唯有面见赵光义，哭诉他的为难之处，称与李煜君臣多年，恳求赵光义允许他秉笔直书，否则不敢接下这个旨意。赵光义闻言，明白了徐铉的为难之处，加上他心怀有愧，便恩准了徐铉的要求。徐铉怀君臣之义，写下了这篇文字优美、饱含深情又中肯公允的墓志铭。

大宋左千牛卫上将军追封吴王陇西公墓志铭并序

盛德百世，善继者所以主其祀；圣人无外，善守者不能固其存。盖运历之所推，亦古今之一贯。其有享蕃锡之宠，保克终之美，殊恩饰壤，懿范流光，传之金石，斯不诬矣。

王讳煜，字重光，陇西人也。昔庭坚赞九德，伯阳恢至道，皇天眷祐，锡祚于唐。祖文宗武，世有显德。载祀三百，龟玉沦胥，宗子维城，蕃衍万国。江淮之地，独奉长安。故我显祖，用膺推戴。淳耀之烈，载光旧吴。二世承基，克广其业。皇宋将启，玄贶冥符。有周开先，太祖历试，威德所及，寰宇将同。故我旧邦，祗畏天命，贬大号以禀朔，献池图而请吏。故得义动元后，风行域中，恩礼有加，绥怀不世。鲁用天王之礼，自越常钧，邺存纪侯之国，曾何足贵。王以世嫡嗣服，以古道驭民。钦若彝伦，率循先志。奉蒸尝，恭色养，必以孝；宾大臣，事耆老，必以礼。居处服御必以节，言动施舍必以时。至于荷全济之恩，谨藩国之度，勤修九贡，府无虚月；祗奉百役，知无不为。十五年间，天眷弥渥。然而果于自信，怠于周防，西邻起衅，南箕构祸。投杼致慈亲之惑，乞火无里妇之辞。始劳囚圉之师，终后涂山之会。大祖至仁之举，大赉为怀；录勤王之前效，恢焚谤之广度。位以上将，爵为通侯，待遇如初，宠锡斯厚。今上宣歙大麓，敷惠万方，每侍论思，常存开释。及飞大在运，丽泽推恩，擢进上公之封，仍加掌武之秩。侍从亲礼，勉谕优容。方将度越等彝，登崇名数。

呜呼！阅川无舍，景命不融，太平兴国三年秋七月八日遘疾，薨于京师里第，享年四十有二。皇上抚几兴悼，投瓜轸悲，痛生之不逮。俾殁而加饰，特诏辍朝三日，赠太师，追封吴王，命中使莅葬。凡丧祭所须，皆从官给。及其年冬十月日，葬于河南府某县某乡某里，礼也。夫人郑国夫人周氏，勋旧之族，是生邦媛，肃雍之美，流咏国风，才实女师，言成闺则。子左千牛卫大将军某，襟神俊茂，识度淹通，孝悌自表于天资，才略靡由于师训，日出之学，未易可量。

惟王天骨秀异，神气清粹，言动有则，容止可观。精究六经，旁综百氏。常以为周、孔之道不可暂离，经国化民，发号施令，造次于是，始终不渝。酷好文辞，多所述作。一游一豫，必颂宣尼。载笑载言，不忘经义。洞晓音律，精别雅郑。穷先王制作之意，审风俗淳薄之原，为文论之，以续《乐记》。所著文集三十卷，杂说百篇，味其文知其道矣。至于弧矢之善，笔札之工，天纵多能，必造精绝。本以恻隐之性，仍好竺乾之教。草木不杀，禽鱼咸遂。赏人之善，常若不及；掩人之过，惟恐其闻。以至法不胜奸，威不克爱。以厌兵之俗，当用武之世。孔明罕应变之略，不成近功；偃王躬仁义之行，终于亡国。道有所在，复何愧欤？

呜呼哀哉！二室南峙，三川东注，瞻上阳之宫阙，望北邙之灵树。旁寂寂兮迥野，下冥冥兮长暮。寄不朽于金石，庶有传于竹素。其铭曰：

天鉴九德，锡我唐祚。绵绵瓜瓞，茫茫商土。裔孙有庆，旧物重睹。开国承家，疆吴跨楚。丧乱孔棘，我恤畴依。圣人既作，我知所归。终日靡俟，先天不违。惟藩惟辅，永言固之。道或污隆，时有险易。蝇止于棘，虎游于市。明明大君，宽仁以济。嘉尔前哲，释兹后至。亦觏亦见，乃侯乃公。沐浴玄泽，徊翔景风。如松之茂，如山之崇。奈何不淑，运极化穷。旧国疏封，新阡启室。人谋之谋，卜云其吉。龙章骥德，兰言玉质。邈尔何往，此焉终毕。偃青盖兮裶裶，驱素虬兮迟迟。即隧路兮徒返，望君门兮永辞。庶九原之可作，与嵝岭兮相期。垂斯文于亿载，将乐石兮无亏。

徐铉凭借这篇立言得体的墓志铭名扬千古。据闻，赵光义读过这篇铭文后，对徐铉的文采和忠义赞不绝口，之后对他更加赏识。

李煜死后，小周后整日茶饭不思，失魂落魄。其间，赵光义曾派人对她威逼利诱，小周后誓死不从，日夜守候在李煜灵前。最终，在李煜去世几个月后，悲不自胜的小周后选择自尽而亡，一对鸳侣相聚泉下。

"作个才人真绝代，可怜薄命作君王。"清人郭磨在《南唐杂咏》中如此感叹。李煜凭借不俗的才华以及对生活的敏锐洞察，为后世留下许多真挚动人的诗词文章。尤其是在痛苦而悲惨的后半生，李煜将心中复杂的情感浓缩在有限的笔墨之中。

源远流长的秦淮河啊，你头顶上的那轮明月曾照掠过繁华无比的乌衣巷，也曾普照金陵城内奢华的楼阁宫殿。这条南唐曾经的护城河，你可知，作为河山地貌，你曾夜夜出现在一位亡国帝王不堪回首的故国梦魂中……